Pam Vredevelt

Cappuccino für die Seele

Was Ihnen wohltut
und neue Kräfte bringt

SCM Collection

Die amerikanische Originalausgabe erschien unter dem Titel
ESPRESSO FOR A WOMAN´S SPIRIT
bei Multnomah Publishers, Sisters/Oregon
© 2000 Pam Vredevelt

Deutsch von Barbara Trebing
Die Bibelzitate wurden folgenden Übersetzungen entnommen:

ohne besonderen Vermerk:
Lutherbibel, revidierter Text 1984,
durchgesehene Ausgabe in neuer Rechtschreibung,
© 1999 Deutsche Bibelgesellschaft, Stuttgart

außerdem:
Hoffnung für alle® (Brunnen Verlag Basel und Gießen),
Copyright © 1983, 1996, 2002 by International Bible Society®.
Verwendet mit freundlicher Genehmigung des Verlags. (HFA)

11. Gesamtauflage 2011

© 2002 der deutschen Ausgabe:
bis 2009 Oncken Verlag Wuppertal und Kassel,
SCM Collection im SCM-Verlag GmbH & Co. KG, Witten ab 2010
Umschlag: **krauss**werbeagentur.de, Herrenberg
Satz: Werbe- und Verlagsgesellschaft, Grevenbroich
Druck: Leo Paper Products
ISBN 978-3-7893-9450-8
Bestell-Nr. 629.450

INHALT

Ein erster Schluck		7
1	Nicht vergessen!	11
2	Quellen in der Wüste	21
3	Das Geschenk des Glaubens	33
4	Im Wechsel der Zeiten	45
5	Hoffnungssamen	59
6	Berührungen	67
7	Vollkommen (aber) fix und fertig	75
8	Welch ein Vermächtnis!	84
9	Die Kraft von Stoßgebeten	91
10	Zank und Streit	101
11	Sehnsucht nach mehr	109
12	Fliegen im Kaffee	119
13	Zu Höherem bestimmt	126
14	Am Ende der Weisheit	134
15	Der eingeschlagene Weg	143
16	Fragen an den Fachmann	157
17	Vergebung ist übernatürlich	165
18	Weihnachtschaos	180
19	Gottes Mathematik	189
20	Gottes Uhrzeiger	199
Fragen für den Kaffeeklatsch		210

Ein erster Schluck

»Das nennt man also Schreibblockade«, sagte ich zu meinem Mann John, als wir eines Abends zusammen vor dem Kamin saßen. Seit Wochen hatte ich kein Wort mehr aufs Papier gebracht außer den Einträgen ins Gebetstagebuch während meiner stillen Zeit. Noch schlimmer als die Unfähigkeit, meine Gedanken schriftlich auszudrücken, war die Tatsache, dass ich keine Ideen hatte. Ich hatte einfach nichts mehr zu sagen. Bislang war ich noch nie um Worte verlegen, deshalb war dieser Zustand für uns beide ziemlich rätselhaft.

»Wahrscheinlich bist du einfach müde und brauchst ein bisschen Erholung«, versuchte John mir Mut zu machen.

Er hatte Recht. Ich hatte mich ziemlich unter Druck gesetzt, um den Termin für mein letztes Buch einzuhalten. Da meine kreative Ader in den frühen Morgenstunden, angeregt von einer Tasse frisch aufgebrühten heißen Kaffees, am besten funktioniert, war ich immer früher aufgestanden, um mit allem fertig zu werden. Mein Schönheitsschlaf hatte sich folglich auf ein Minimum reduziert. Fehlender Schlaf, dafür mehr Hausaufgaben und Sportveranstaltungen bei den Kindern plus den normalen Pflichten in Haushalt und Job hatten das Gleichgewicht empfindlich gestört. Ich hatte das Gefühl, man hätte mir alles Blut aus den Adern gesaugt.

Kennen Sie das?

Ich weiß, dass ich nicht allein stehe. Es scheint, als würden die Frauen, egal, wo ich hinhöre, alle nur das eine sagen: »Ich kann nicht mehr!« Ob es sich um Ehefrauen,

Mütter, Berufstätige handelt – oder eine Kombination aus allen dreien –, Hauptthema ist, so scheint mir, die allgemeine Erschöpfung. Viele haben sich daran gewöhnt, dass sie nur noch aus dem letzten Loch pfeifen. Sie haben es gelernt, ihren Körper, ihren Verstand und ihre Seele zu vernachlässigen und möglichst kurz zu halten. Erschöpfung ist zu einem Dauerzustand geworden. Zu viele Anforderungen. Zu viele Ansprüche. Zu viele Termine. Zu wenig Zeit. Sie kennen die Geschichte.

Zu den Klienten, die zu mir in die Beratung kommen, sage ich unter anderem Folgendes: »Hier ist Pams Rezept gegen die Müdigkeit – Ruhe, Zeit mit Gott und ein Cappuccino mit Schlagsahne und Schokoladensplittern.«

Als ich bei mir selbst einen Anfall von Burnout in Form dieser Schreibblockade entdeckte, verschrieb ich mir eine Dosis meiner eigenen Medizin. Sechs Monate lang versuchte ich meine Aktivitäten einzuschränken und mein Leben zu vereinfachen, indem ich zu allem, was nicht unbedingt nötig war, Nein sagte. Dadurch gewann ich Zeit, ein paar gute Bücher zu verschlingen und in der Bibel zu lesen. Jeden Tag verschaffte ich mir etwas Luft, um mein Gebetstagebuch zu führen und über die Dinge nachzudenken, die Gott mir sagen wollte.

Vor sechs Monaten war mein Becher leer.

Jetzt fließt er über.

Dieses Buch ist das Ergebnis.

Ich habe es ganz besonders für alle geschrieben, die – wie ich – völlig erledigt sind. Es ist ein Buch für Frauen, die dem zermürbenden Alltagstrott einmal für ein paar Augenblicke entrinnen wollen ... und frische Nahrung für ihren Geist suchen.

Ich erinnere mich an einen Vers, den ich vor vielen Jahren zum ersten Mal las. Da sagt Gott: »Siehe, ich stehe vor der Tür und klopfe an. Wenn jemand meine Stimme hören wird und die Tür auftun, zu dem werde ich hineingehen und das Abendmahl mit ihm halten und er mit mir.« (Offenbarung 3,20)

»Das Abendmahl mit ihm halten?«, wunderte ich mich. »Wie ist denn das gemeint?« Ich entdeckte, dass in anderen Übersetzungen einfach von »essen« die Rede ist oder von einem »Festmahl«. Und was tut man beim »Essen« oder einem Fest? Man sitzt zusammen am Tisch und erlebt Gemeinschaft. Man redet. Man ist zusammen.

Wo finden solche Begegnungen heute statt? Wo treffen sich Menschen, die sich mögen? Seit einiger Zeit haben sich bei uns im Nordwesten Amerikas die Coffee-Shops zu beliebten Treffpunkten entwickelt. Wir Menschen des dritten Jahrtausends können uns oft am besten unterhalten, wenn wir eine Tasse Kaffee in der Hand haben.

Ich kann mir gut vorstellen, wie Gott in einen Coffee-Shop spaziert, sich einen Stuhl heranzieht und sich zu einer Gruppe von Frauen setzt, die gerade ihren Cappuccino trinkt. Wieso? Weil Gott unsere Gesellschaft sucht. Er möchte uns durchs Leben begleiten. Er möchte gern hören, was wir denken und fühlen, und uns erklären, welche Pläne er für uns hat. Ein Coffee-Shop wäre für ihn durchaus ein geeigneter Ort, um mit den Menschen in Kontakt zu kommen, die er liebt.

Manchmal habe ich den Eindruck, dass wir die Dinge etwas durcheinander bringen. Wir meinen, Gott sei mehr daran interessiert, dass wir Regeln und Vorschriften gehorchen, als dass wir das Verhältnis zu ihm klären. Mehr an Befehlen als an Beziehungen. Mehr an Ja-Sagern als an Jüngern. Doch wenn wir so denken, dann haben wir vom Wesen der biblischen Botschaft nichts begriffen. Gebote und Vorschriften können unser Leben nicht verändern. Das schafft nur eine enge Beziehung zu dem lebendigen Herrn.

Ich bete dafür, dass dieses Buch Sie näher zu Gott führt. Wenn sein Geist an Ihre Herzenstür klopft, dann machen Sie ihm auf und bitten ihn herein. Kochen Sie erst einmal eine Tasse Ihres Lieblingskaffees. Dann suchen Sie sich ein paar weiche, bequeme Kissen an einem ruhigen, behaglichen Ort. Richten Sie Ihre inneren Ohren auf das aus, was Gott Ihnen sagen möchte. Und dann schlagen Sie die folgenden Seiten auf und besiegen Sie die Müdigkeit mit geistlichen Betrachtungen, Geschichten der Hoffnung und ein paar lustigen Anekdoten.

Wenn Sie sich noch zusätzlich etwas Gutes tun wollen, dann laden Sie ein paar Freundinnen zum Kaffeeklatsch ein, lesen Sie gemeinsam die einzelnen Kapitel und tauschen Sie anhand der Fragen im Anhang Ihre ganz persönlichen Erfahrungen aus. Wo Frauen ihre Lasten gemeinsam tragen, da erleben sie Ermutigung und oft sogar Heilung.

Ich hoffe, dass jeder Schluck von den folgenden Kapiteln Sie neu beflügelt und gleichzeitig das Verlangen nach mehr weckt.

Mit herzlichen Grüßen (und einem Cappuccino)

Ihre Pam Vredevelt

KAPITEL 1

Nicht vergessen!

*Ich erinnere mich an deine großen Taten, Herr,
und denke an die Wunder, die du einst vollbracht hast.
Psalm 77,12; Hfa*

Wenn Sie diese Seiten lesen, dann liege ich sicher nicht ganz falsch mit der Vermutung, dass auch Sie hin und wieder ein Opfer des allgemeinen weiblichen Erschöpfungs-Syndroms sind. Stimmt's? Sie geben alles (und wenn's sein muss, noch mehr) für die Menschen und Dinge in Ihrer Umgebung, die Ihre Hilfe brauchen. Kein Wunder, dass Ihre letzten Kraftreserven aufgebraucht sind. Trotzdem wollen Sie sich nicht zurückziehen. Sie wollen sich weiter für die Familie einbringen, im Beruf Ihre Frau stehen und alles geben, damit es in der Gemeinde rund läuft. Nun aber sitzen Sie möglichst bequem (hoffe ich), haben eine Tasse dampfenden heißen Kaffee vor sich und blättern in diesem Buch in der Hoffnung, dass es für Ihre Seele das bewirkt, was der Kaffee für den Kreislauf tut – dass es Sie wärmt, belebt, stimuliert.

Wie ich schon in der Einleitung sagte, weiß ich ziemlich genau, wie Ihnen zumute ist. Und ich habe an mir selbst – und vielleicht an Frauen ganz allgemein – etwas festgestellt. Wenn wir besonders müde oder gestresst sind, dann geraten unsere Gedanken leicht in ein negatives Fahrwasser. Erschöpfung lässt uns falsche Schlüsse ziehen, und von da ist es dann nicht mehr weit bis zur Glaubenskrise. Die Müdigkeit verzerrt unser Urteilsvermögen und bewirkt, dass wir nur noch schwarz sehen.

Auf der anderen Seite können Ruhe, Zeit mit Gott und *die bewusste Erinnerung an seine Güte* – eine Methode, die ich schon seit Jahren anwende – uns aus dem trüben Sumpf herausholen, zurück auf den Pfad, der uns weiter in Richtung Himmel führt. Sich bewusst erinnern ist eine gute Lebensstrategie. David tat es, als es ihm so dreckig ging, dass er nicht wusste, ob er noch einen Tag länger durchhalten würde.

David war ein Mann mit einem großen Herzen und einer hohen Bestimmung, der nicht nur die höchsten Höhen, sondern auch die tiefsten Tiefen des Lebens kannte. Aus einem seiner Psalmen spricht die völlige Erschöpfung:

Ich rufe zu Gott, ja, ich schreie immer wieder, damit er mich endlich hört. Ich habe große Angst und sehe keinen Ausweg mehr. Unaufhörlich bete ich zu Gott – sogar in der Nacht strecke ich meine Hände nach ihm aus. Ich bin untröstlich. Wenn ich an Gott denke, fange ich an zu seufzen; grüble ich über meine Lage nach, so verliere ich allen Mut. Ich kann nicht schlafen, weil er mich wach hält; die Unruhe treibt mich umher, ich finde keine Worte mehr.

Hat der Herr uns für alle Zeiten verstoßen? Wird er nie wieder freundlich zu uns sein? Ist seine Gnade für immer zu Ende? Gelten seine Zusagen nicht mehr? Hat Gott vergessen, uns gnädig zu sein? Warum verschließt er uns im Zorn sein Herz? Das ist es, was mich am meisten schmerzt: Gott, der Höchste, verhält sich jetzt anders als vorher – er setzt sich nicht mehr für uns ein. (Psalm 77,2-5+8-11; Hfa)

David ging es also nicht viel anders als auch uns manchmal. Aber wenn wir weiterlesen, dann stellen wir fest, wie sein Ton und seine Stimmung auf einmal umschlagen. Plötzlich steigt aus der Tiefe seiner Verzweiflung ein Loblied empor: »O Gott, heilig ist alles, was du tust. Kein anderer Gott ist so mächtig wie du! Du allein bist der Gott, der Wunder vollbringt; du hast die Völker deine Macht spüren lassen.« (Psalm 77,14-15; Hfa)

Was ist geschehen? Was hat diesen Sinneswandel bewirkt? Was hat Davids Kummer weggespült? Die Antwort finden wir in den Versen, die sich zwischen diesen beiden Abschnitten befinden. Wir erfahren, dass David innehielt und sich erinnerte. Er dachte daran, wie ihm Gott in der Vergangenheit seine Treue und Liebe gezeigt hatte: »Ich erinnere mich an deine großen Taten, Herr, und denke an die Wunder, die du einst vollbracht hast. Ich führe mir vor Augen, was du getan hast, immer wieder mache ich es mir bewusst.« (Psalm 77,12-13; Hfa)

Wie ist es mit Ihnen? Was tun Sie, wenn Sie selbst zum Beten zu müde sind? David gibt uns hier ein Beispiel, dem wir folgen können. Er erinnerte sich. Er zählte auf, wo Gott ihm in der Vergangenheit geholfen hatte.

Wir alle haben schon erlebt, wie Gottes Liebe in unserem Leben eine Wende herbeiführte. Vielleicht haben wir es in dem Moment nicht gemerkt. Aber Gott ist in unserem Leben aktiv – vom ersten Tage an. Überlegen Sie doch einmal:

 Hatten Sie schon einmal das Gefühl, Sie seien gerade noch davongekommen, weil so etwas wie ein Schutzengel hinter Ihnen stand? Ist Ihnen in den Sinn gekommen, dass vielleicht Gott Sie gerettet hat?

Haben Sie schon einmal unverschämtes Glück gehabt, obwohl Sie es eigentlich gar nicht verdient hätten? Gott ist der Geber aller guten Gaben.

 Haben Sie sich je von unguten Dingen ab- und besseren zugewandt, weil irgendetwas in Ihrem Inneren wollte, dass Sie rein bleiben? Nur Gott weckt in uns das Verlangen nach Heilung.

 Haben Sie je schwere Zeiten durchlebt und dann später festgestellt, dass Sie damit für etwas Größeres vorbereitet wurden? Gott versteht es, aus Schwierigkeiten etwas Wertvolles zu machen.

 Haben Sie je eine Entscheidung getroffen, die Sie dann in eine überraschend positive Richtung lenkte, einfach weil Sie das Gefühl hatten, Sie müssten das jetzt tun? Ich vermute, da hat Gott zu Ihnen gesprochen.[1]

Sicher hat die eine oder andere schon Ähnliches erlebt und es als Zufall, »Dusel« oder einfach Glück abgetan. Oder wir haben uns im Moment über Gottes Eingreifen gefreut und es dann im Getriebe des Alltags wieder vergessen. Die Frage ist aber nicht, ob wir Gottes Eingreifen in unserem Leben schon erlebt haben oder nicht. Die Frage ist: Was haben wir daraus gemacht?[2]

Vor kurzem konnte ich die aufbauende Kraft, die aus der Erinnerung an Gottes Handeln in meinem Leben erwächst, ganz konkret für mich in Anspruch nehmen. Ich saß mit meinem Mann John in der ersten Reihe eines großen Saals und wartete darauf, mit ihm das Podium zu besteigen. Es war an einem Wochenende und wir hielten gemeinsam ein Seminar für etwa fünftausend Teilnehmer.

Als ich nach rechts und links in die Gesichter schaute, wurde mir auf einmal ganz flau im Magen und ich fragte mich: »Was mache ich hier eigentlich? Ich bin Therapeutin. Ich bin darauf geeicht zuzuhören. Ich habe große Ohren! John ist der in der Familie mit dem großen ... äh, mh, nun, er ist der Prediger.«

Aber dann erinnerte ich mich. Mir fiel jener schicksalsträchtige Tag im Jahr 1975 ein, an dem ich die bekannte Autorin Joyce Landorf – und durch sie Gott – hatte reden hören. In Kapitel 4 werde ich mehr davon erzählen. Im Moment nur so viel: Damals redete Gott zu mir und erklärte mir unmissverständlich, dass ich eines Tages genau dasselbe tun würde wie Joyce Landorf. Als ich nun wieder in die Reihen blickte, zu denen ich gleich sprechen sollte – die Erfüllung einer Verheißung Gottes –, da dachte ich noch einmal daran, wie deutlich Gott damals zu mir gesprochen und wie er seitdem seinen Plan erfüllt hatte. Ich erinnerte mich daran, wie er mich geführt hatte, damit ich mein Wissen und meine Erfahrung nutze, um anderen als Beraterin zu helfen, und mir ging auf, dass öffentliches Reden und Unterrichten eigentlich eine ganz normale Fortsetzung dieser Arbeit waren.

Ich wurde ruhig. Gott hatte mich berufen, also würde er mir auch die Kraft geben. So wirkt er.

Die Erinnerung an Gottes Wirken in der Vergangenheit gibt mir den Glauben und den Mut, die Aufgaben, die jetzt vor mir liegen, anzupacken.

Wie leicht gerät das in Vergessenheit. Die Erinnerung verblasst. Wir versuchen etwas aus unserem Gedankenspeicher abzurufen, aber der Zugang bleibt versperrt. Doch es lohnt sich. Die Erinnerung daran, wie Gott uns in der Vergangenheit aufgefangen hat, kann heute unseren Glauben stärken und uns zu dem befähigen, was jetzt gerade dran ist. Und wenn wir unser Erschöpfungssyndrom je überwinden wollen, dann müssen wir es lernen, dieses Instrument zu gebrauchen.

Jahrelang habe ich die Methode, sich positive Dinge ins Gedächtnis zu rufen, bei meinen Klienten angewandt, um sie zu Bestleistungen anzuspornen. Ich habe mit verschiedenen Top-Athleten gearbeitet. Vor einem Rennen oder einem Spiel müssen sie sich mental vorbereiten. Ich erklärte ihnen, dass die Entscheidung bei ihnen lag. Sie konnten vor ihrem inneren Auge jene Momente ablaufen lassen, wo sie Fehler gemacht oder unter dem Druck nachgegeben hatten. Oder sie konnten sich an die Zeiten erinnern, in denen sie Spitzenleistungen erbracht hatten. Was meinen Sie, was sie mehr anspornte? Erinnerungen können uns den Mut stärken.

Wenn positive Erinnerungen schon die Leistungsfähigkeit eines Sportlers steigern können, was müssen sie dann erst im Blick auf unseren Glauben bewirken, und wie können sie unseren Geist erfrischen, damit wir mit den Anforderungen des Alltags zurechtkommen! Stellen wir uns nur einmal vor, was sie gegen die Bitterkeit ausrichten können, die wir aufgrund so mancher schlechter Erinnerung in unseren Gedanken hegen. Eine Freundin zum Beispiel konnte den Groll gegen ihren Vater ablegen, als sie lernte, nicht mehr so häufig an die schlechten Dinge zu denken, die sie jahrelang immer wieder in ihrem Kopf bewegt hatte, sondern sich stattdessen auf das Gute zu konzentrieren, das eben auch da war.

Ich denke, in gewissem Sinne verkümmert unser geistliches Leben, wenn wir die Vergangenheit vergessen. In unserer schnelllebigen Hochdruck-Gesellschaft neigen wir dazu, unser Denken von den dringenden Problemen des Heute und den Sorgen für das Morgen beherrschen zu lassen. Wir leben im Informationszeitalter und wir schließen schnell, dass wir unsere Probleme schon lösen können, wenn wir nur genug neue Informationen oder noch mehr Daten sammeln oder noch präzisere Berechnungen anstellen. Mir scheint jedoch, es gibt auch Momente, wo Informationen oder Ratschläge nicht weiterhelfen – sondern wo vielmehr das Erinnern angesagt ist.

Als vor sieben Jahren unser Sohn Nathan mit Down-Syndrom auf die Welt kam, durchlebten mein Mann und ich eine schwere Zeit. Wir beschafften uns Informationen über die Krankheit, lasen ein Buch nach dem anderen und befragten Spezialisten. Wir wollten so viel wie nur möglich über seinen Zustand erfahren. Aber wissen Sie was? Alle Informationen konnten unseren Schmerz nicht lindern. Ja, es gab Zeiten, da wollten wir *nicht ein weiteres Wort* über Down-Syndrom lesen oder hören. Warum? Weil die Informationen, die unser Wissen erweiterten, gleichzeitig unsere Ängste nährten.

Als wir überlegten, wie die Zukunft für einen geistig behinderten Sohn aussehen könnte, brauchten wir mehr als Informationen. Wir brauchten die ganz konkrete, drastische Erinnerung daran, dass Gott uns nicht im Stich gelassen hatte. Wir brauchten ein paar handfeste Beweise für unsere Hoffnung. Und die bekommen wir durch die Erinnerung.

Ist es nicht sinnvoll, den Glauben auf das zu gründen, was wir wissen, und nicht auf das, was wir nicht wissen? Ich weiß nicht, warum Nathan mit Down-Syndrom zur Welt kam. Ich weiß nicht, warum er noch nicht sprechen gelernt hat. Ich weiß nicht, ob er je fähig sein wird, selbstständig zu leben und zu arbeiten. Das wird die Zukunft zeigen. Ich könnte eine Menge Zeit damit verbringen, über all das zu grübeln, was ich nicht weiß, und förmlich zusehen, wie mein Glaube daran zerbricht. Ich kann meine Zeit aber auch damit verbringen, mir all das vor Augen zu halten, was ich mit Gewissheit weiß. Und das ist das, was

David meint: »Du allein bist der Gott, der Wunder vollbringt; du hast die Völker deine Macht spüren lassen!«

Wie sieht es bei Ihnen aus? Was erzählt Ihre Geschichte? Wann hat Gott bei Ihnen in der Vergangenheit eingegriffen und Ihnen über alles Verstehen geholfen? Warum nehmen Sie sich nicht jetzt etwas Zeit in der Gegenwart des allwissenden Einen, um sich an sein Wirken in Ihrem Leben zu erinnern? Wenn Sie dabei Hilfe brauchen, sagen Sie es ihm. Der Herr kann Ihnen die Augen öffnen und Ihren Blick weiten.

Jesus sagt: »Aber der Tröster, der Heilige Geist, den mein Vater senden wird in meinem Namen, der wird euch alles lehren und euch an alles *erinnern*, was ich euch gesagt habe« (Johannes 14,26). Warum? Weil es wichtig ist, sich zu erinnern, wenn wir Ermutigung brauchen.

Erinnerung macht stark.

Erinnerung weckt neue Energie.

Erinnerung gibt Kraft.

Ein Schlückchen Hoffnung und Humor

Drei ältere Damen unterhalten sich über die Beschwerden, die das Älterwerden so mit sich bringt. Die eine sagt: »Manchmal ertappe ich mich dabei, wie ich mit einem Glas Majonäse in der Hand vor dem Kühlschrank stehe und nicht mehr weiß, ob ich es wegstellen oder herausholen wollte.«

»Ja«, meint die zweite, »und ich stehe manchmal auf dem Treppenabsatz und kann mich nicht mehr entsinnen, ob ich auf dem Weg nach oben oder nach unten war.«

Darauf die dritte: »Nun, solche Probleme habe ich zum Glück nicht. Toi, toi, toi.« Und sie klopft dreimal auf die Tischplatte. Plötzlich horcht sie auf: »Ich glaube, da ist jemand an der Tür. Ich sehe mal nach.«

Es ist eine schöne und nützliche Beschäftigung, die Hand Gottes im Leben der alten Heiligen zu erkennen und zu sehen, wie er sie in seiner Güte befreite, ihnen in seiner Barmherzigkeit verzieh und in seiner Treue seinen Bund mit ihnen hielt. Aber wäre es für uns nicht noch interessanter und nützlicher, wenn wir die Hand Gottes in unserem eigenen Leben erkennen könnten? Sollten wir in unserer eigenen Geschichte nicht genauso viel von Gott, von seiner Güte und Wahrheit sehen, sollte sie nicht mindestens ebenso ein Beweis für seine Treue und Zuverlässigkeit sein wie die all jener, die vor uns dahingegangen sind? Lasst uns unser eigenes Leben betrachten. Wir werden in unserer eigenen Erinnerung sicher genauso viele Bege-

benheiten entdecken, die uns selbst erquicken und unseren
Gott verherrlichen. *Charles Spurgeon*

Die Erinnerung ist das ganz private Buch jedes Menschen.
Aldous Huxley

Gedenket des Vorigen, wie es von alters her war: Ich bin
Gott und sonst keiner mehr, ein Gott, dem nichts gleicht.
Ich habe von Anfang an verkündet, was hernach kommen
soll, und vorzeiten, was noch nicht geschehen ist. Ich sage:
Was ich beschlossen habe, geschieht, und alles, was ich mir
vorgenommen habe, das tue ich. *Jesaja 46,9-10*

KAPITEL 2

Quellen in der Wüste

*Neigt eure Ohren her und kommt her zu mir!
Höret, so werdet ihr leben.
Jesaja 55,3; Hfa*

»Pam, da ist ein dringender Anruf für dich aus der Schule. Nathan ist verschwunden. Sie haben die ganze letzte halbe Stunde nach ihm gesucht und können ihn nicht finden. Deshalb wollen sie jetzt die Polizei rufen.« Mit besorgtem Gesicht stand meine Sekretärin in der Bürotür.

Die Nachricht hätte wohl jeder Mutter eiskalte Schauer über den Rücken gejagt. Aber bei mir wurde die Angst noch dadurch verstärkt, dass Nathan das Down-Syndrom hat. Ihm fehlt bei seinen Ausflügen das Sicherheitsventil, das gesunder Menschenverstand und Reife sonst bieten. Wenn keine Erwachsenen da sind, um ihn zu beaufsichtigen, nimmt die Gefahr, dass Nathan etwas zustößt, überproportional zu.

Das Adrenalin jagte mir durch die Venen, als ich nach dem Telefonhörer griff, den meine Sekretärin mir entgegenstreckte. »Hallo, hier ist Vredevelt«, meldete ich mich und versuchte, möglichst ruhig zu erscheinen.

»Frau Vredevelt«, hörte ich Nathans Lehrerin. »Irgendwie ist Nathan während der Pause vom Schulhof verschwunden. Wir haben ihn überall gesucht. Der Rektor lässt auch die Nachbarschaft absuchen. Unsere Mitarbeiter durchkämmen das Schulgelände und die angrenzenden Grundstücke. Wir werden jetzt auch die Polizei um Hilfe rufen.«

»Ich komme.«

Bis ich am Auto war, krampfte sich mein ganzer Magen zusammen. Mir war, als hätte ich einen Klumpen groß wie ein Tischtennisball im Hals. Es ist erstaunlich, was Angst mit unserem Körper anstellt.

Ich redete mir selbst gut zu: »Ist ja gut, Pam. Beruhige dich. Gott weiß genau, wo Nathan ist. Jede Menge Leute suchen ihn. Ganz ruhig. Mach dir keine falschen Ängste. Du bist niemandem eine Hilfe, wenn du jetzt durchdrehst. Komm, entspann dich. In fünf Minuten bist du in der Schule.«

So sah mein Plan aus.

Aber Sie wissen ja, wie das mit Plänen geht.

Als ich den Zündschlüssel drehte, wies mich ein Summton darauf hin, dass der Tank leer war. Ich hatte eigentlich am Morgen auf dem Weg zur Arbeit tanken wollen, aber da ich etwas spät dran war, hatte ich es gelassen. Bis zum Büro würde ich es gerade noch schaffen, hatte ich gedacht, und könnte dann auf dem Heimweg tanken.

Was meinen Sie, was eine ausgebildete Therapeutin in einer solchen Situation tut? Reagiert sie ganz rational und sagt sich: »Hmm. Sieht aus, als müsste ich tanken«? Bewahrt sie Haltung, zuckt gleichgültig mit den Achseln und sagt: »Na schön, was soll's«? Oder schlägt sie die Hände über dem Kopf zusammen, ruft der Benzinanzeige ein verzweifeltes »O nein!« zu und bricht dann in Tränen aus?

Nun, Sie haben sicher richtig geraten. Nicht nur die Tankanzeige war im Moment am Anschlag. Nach meinem kleinen Anfall schaffte ich es immerhin, mich etwas zusammenzureißen, damit ich beten konnte: »Bitte, Herr, hilf, dass ich es noch bis zur Tankstelle am Weg zur Schule schaffe.«

Er half mir. Aber ich hätte wohl auch für die Leute an der Tankstelle beten sollen, denn sie waren langsamer als jede Schnecke. Ein paar l-a-n-g-e Minuten saß ich in meinem Auto und wartete – ich war die einzige Kundin – und niemand kam. Falls Gott meine Geduld auf die Probe stellen wollte, habe ich jämmerlich versagt. Nachdem ich eine Zeit lang gewartet hatte, ging ich in den Kiosk und sagte: »Könnte mir wohl jemand helfen? Ich hab's eilig. Mein kleiner Sohn ist verschwunden und ich muss ihn suchen.«

Der Typ hinter dem Tresen trödelte herum, als wäre ihm alles egal. Er legte den Kopf auf die Seite, kniff die Augen zusammen und musterte mich. Sie wissen schon, als wollte er sagen: »Jaja, ist ja schon gut, junge Frau.« Dann bewegte er sich langsam zur Zapfsäule. Zwölfeinhalb Minuten später verließ ich die Tankstelle, aber in mir hatte sich so viel negative Energie angestaut, dass sie ohne weiteres einen Vulkanausbruch hätte auslösen können. Oder wäre Ihnen ein Feuerwerk lieber? Ich hätte Ihnen eines liefern können, neben dem das Neujahrsfeuer vom Eiffelturm jämmerlich verblasst wäre.

Panische Gedanken schossen mir durch den Kopf. »Was ist, wenn wir Nathan nicht finden? Was ist, wenn er auf eine verkehrsreiche Straße läuft? Was, wenn ihn irgendein Gauner schnappt?« Die wildesten Bilder liefen vor meinen Augen ab. Eine lebhafte Phantasie ist sicher ein Segen, wenn man Bücher schreibt, aber in solchen Situationen ein Fluch.

Endlich war ich an der Schule. Ich raste zum Eingang, an einer Frau vorbei, die auf dem Weg zum Parkplatz war. Wahrscheinlich stand auf meiner Stirn geschrieben:

»Panische Mutter!«, denn sie sah mich nur kurz an und fragte dann: »Sind Sie Nathans Mama?«

»Ja«, erwiderte ich atemlos und hoffte, sie hätte eine gute Nachricht.

»Sie haben Nathan gefunden.«

»Oh, Gott sei Dank.«

»Er ist beim Rektor«, fügte sie noch hinzu.

Und tatsächlich. Da war mein kleiner Ausreißer im Rektorenzimmer und sah mir sehr ernst und schuldbewusst entgegen. Ich kann mich nicht erinnern, dass Nathan jemals nicht mit einem Lächeln auf mich zugesprungen ist, um mich in die Arme zu schließen, wenn wir einmal für ein paar Stunden getrennt waren. Aber diesmal rührte er sich nicht vom Fleck. Er ließ den Kopf hängen und blickte mich mit schuldbewussten Augen an. Er wusste genau, dass er diesmal etwas ganz, ganz Schlimmes angestellt hatte.

Ich nahm ihn in die Arme und sagte leise: »Nathan, ich hatte große Angst um dich. Und der Rektor und die Lehrerinnen haben sich auch große Sorgen gemacht. Das war wirklich nicht gut von dir, einfach vom Schulhof zu gehen.«

Der Rektor erzählte mir, was passiert war. Irgendwie war Nathan auf die Rückseite des Schulgeländes geraten, hatte das Tor aufgestoßen und war zu einem benachbarten Altenheim gewandert. Dort war er in den dritten Stock gefahren (Nathan hat eine Schwäche für Fahrstühle und weiß genau, wie er sie bedienen muss), durch die Gänge gestreunt, dann wieder nach unten gefahren und durch den Hinterausgang entwischt. Wahrscheinlich hatte er genug alte Leute gesehen und fand, es sei an der Zeit, Interessanteres zu entdecken.

Von unstillbarer Abenteuerlust getrieben, war er ins nächste Haus im Block vorgedrungen, das nun zufällig ein

Krankenhaus war. Dort erkannte ein älterer Mann, dass Nathan ganz allein im Foyer und noch dazu behindert war. Er vermutete, dass der Junge sich verirrt hatte, und nahm sich seiner an. Ein paar Minuten später kam jemand vom Suchkommando der Schule um die Ecke.

Den Rest des Nachmittags verbrachte Nathan zusammen mit der Schulpsychologin im Büro des Rektors. Sie malte mit ihm Bilder über den Vorfall und versuchte ihm damit begreiflich zu machen, was er darf und was nicht. Ich bin so dankbar, dass wir solche Möglichkeiten haben, um Nathan zu fördern.

Ich selbst habe bei dieser Episode wohl mehr Adrenalin durch meinen Körper gejagt als im ganzen Monat vorher. Und wie war mir erst am nächsten Tag zumute! Als um halb sechs am Morgen der Wecker ging, hatte ich das Gefühl, ich wäre unter einen Lastwagen geraten. Mir war nicht nur körperlich elend. Auch im Kopf ging mir alles rund, und die Angst saß mir an der Gurgel. Die Furcht vor dem, was noch kommen würde, war fast größer als die Schrecken des vergangenen Tages.

Haben Sie je etwas Ähnliches erlebt? Ist es Ihnen auch schon so ergangen, dass die Angst immer noch da ist und Ihr ganzes Denken beherrscht, obwohl die Panik vorbei und das Problem gelöst ist? Gerade dann brauchen wir Zeit mit Gott – gerade in diesen Momenten, wo wir meinen, er sei ganz weit weg.

Ich zwang mich aufzustehen, weil ich wusste, dass ich Gottes Zuspruch brauchte. Ich musste allein sein. Ich musste still werden. Und ich brauchte das Reden seines Geistes, damit meine geschundene Seele wieder munter wurde.

An jenem Morgen nach Nathans Davonlaufen machte ich mir also eine Tasse Kaffee, suchte mir einen bequemen Platz im Wohnzimmer und wählte die Direktverbindung zu Gott. Es war nur ein kurzes Gebet. Nichts Kompliziertes, nur ein einfacher Hilferuf: »Herr, du weißt, welche Sorgen ich mir wegen Nathan mache. Bitte sprich du heute mit mir. Bitte gib mir einen neuen Blick und hilf mir zu hören, was du mir heute Morgen sagen willst.«

In den letzten beiden Jahren lese ich jeden Morgen einen Abschnitt aus einer bestimmten Bibellese. Für jeden Tag des Jahres ist ein Text aus dem Alten und einer aus dem Neuen Testament angegeben. Aus dem Abschnitt jenes Tages habe ich mir ein paar Verse notiert.

Ich will in der Wüste Wasser und in der Einöde Ströme geben, zu tränken mein Volk, meine Auserwählten. (Jesaja 43,20)

Denn ich will Wasser gießen auf das Durstige und Ströme auf das Dürre; ich will meinen Geist auf deine Kinder gießen und meinen Segen auf deine Nachkommen, dass sie wachsen sollen wie Gras zwischen Wassern, wie die Weiden an den Wasserbächen. (Jesaja 44,3-4)

Und ich will dir heimliche Schätze geben und verborgene Kleinode, damit du erkennst, dass ich der Herr bin, der dich beim Namen ruft, der Gott Israels. (Jesaja 45,3)

Dem aber, der überschwänglich tun kann über alles hinaus, was wir bitten oder verstehen, nach der Kraft, die in uns wirkt, dem sei Ehre. (Epheser 3,20-21)

Die Worte sprachen mich ganz unmittelbar an. In mein Tagebuch schrieb ich, was der Herr mir wohl sagen wollte: »Pam, wenn dich das Leben in eine heiße, trockene, dürre Wüste führt, dann sieh auf mich. Ich habe immer, was du brauchst. Ich will erfrischen. Meinen Vorrat kannst du nie ausschöpfen. Ich habe genug – und mehr als das – für dich und deine Kinder. Ich will meinen Geist ausgießen und deine Kinder heute segnen. Sie sollen wachsen. Und inmitten aller Schwierigkeiten und dunklen Zeiten, die dir begegnen, will ich dir Schätze geben – Schätze, die man nur im Dunkeln finden kann –, die dir zeigen, dass ich dich liebe und über alles, was sich in deinem Leben ereignet, ganz genau Bescheid weiß. Ich verstehe deine Schwäche und deine Verletzlichkeit. Aber lass dich nicht von deinen Gefühlen in die Irre leiten. Mein Geist lebt in dir und er kann viel mehr tun, als du dir je vorstellen kannst. Darum werde ruhig. Vertraue. Lass dich von meinen Worten stärken. Sie sind Geist und sie sind dein Leben.«

Als ich an jenem Morgen die Bibel zuklappte, sah ich das Leben wieder in einem gesünderen Licht. Rein körperlich hatte ich zwar immer noch das Gefühl, als sei ich unter einen Bulldozer geraten, aber in meinem Kopf war es ruhiger geworden. Äußerlich hatte sich eigentlich nichts geändert, aber innerlich war alles anders. Der chaotische Gefühlswirrwarr hatte sich geordnet und geklärt. Der Geist des Glaubens hatte meine Ängste besiegt.

Das ist die Kraft, die in einem kleinen Moment der Stille liegt, gepaart mit einem Herzen, das für Gott offen ist. Ich habe manchmal den Eindruck, als gäbe es bestimmte Quellen, die wir nur dann anzapfen können, wenn wir in Gottes Gegenwart stille werden. Die Ruhe regt meine Gedanken an. Sie gibt mir Gelegenheit, auf das zu achten, was in mir vorgeht, und zu hören, was Gott mir sagen will. »Seid stille und erkennt, dass ich Gott bin«, sagt der Psalmist.

Vielleicht ist die Stille eine Voraussetzung für das Erkennen.

Deshalb ist es mir wichtig, jeden Tag eine Zeit lang allein zu sein. Das hilft mir, ruhig zu werden. Ich ziehe mich zurück von Lärm, Terminen, Projekten. Ich lasse die ewigen Ablenkungen einmal beiseite, all die Dinge, die erledigt werden müssten, und auch all die unnötigen Dinge. Wenn ich nicht die Kontrolle über meine Verpflichtungen behalte, dann können sie mich verzehren. Ich muss in meinen Tagesablauf Zeit einplanen, um innerlich aufzutanken, wenn ich so werden will, wie ich wirklich sein möchte.

Ich denke manchmal, uns modernen Frauen sollte es leichter fallen als den früheren Generationen, Zeiten der Stille in unseren Tag einzubauen. Wir haben so viele Geräte, die uns die Arbeit erleichtern und die Zeit, die wir für bestimmte Dinge brauchen, beträchtlich verkürzen. Ein Geschirrspüler wäscht die Teller, die Waschmaschine erledigt die Wäsche und der Trockner macht sie schön weich und flauschig. Autos und Flugzeuge beschleunigen die Fortbewegung. Staubsauger verschlingen den Schmutz vom Fußboden. Glasfasern ermöglichen die Kommunikation über weiteste Entfernungen. Das Internet liefert uns mit einem Tastendruck eine Fülle an Informationen. Die Mikrowelle bringt in drei Minuten das Essen auf den Tisch. Und im Fast-Food-Restaurant wird für uns gekocht, wenn wir zwischen zwei Terminen keine Zeit haben, nach Hause zu gehen.

Technisch gesehen haben wir dazugewonnen.

Aber geistlich gesehen? Da bin ich mir nicht so sicher.

Es scheint, als würden wir unsere Kraftreserven trotz all der freien Zeit viel eher aufzehren als immer wieder aufzuladen. Wir stürzen uns viel zu schnell in alle möglichen Beschäftigungen, sei es im Blick auf unseren Partner, die Kinder, den Beruf oder die Gemeinde, ohne vorher die Kosten zu überschlagen.

Auch wenn es sich dabei um durchaus ehrenwerte Anliegen handelt, muss ich doch öfter einmal innehalten und mich fragen, ob sie zum jetzigen Zeitpunkt wirklich das Richtige für mich sind. Will Gott wirklich, dass ich einem Vorstand beitrete – zu diesem Zeitpunkt? Wenn ich jetzt zu etwas Ja sage, wozu muss ich dann Nein sagen, um das Gleichgewicht zu wahren? Wenn ich mich blind in alle möglichen Aktivitäten stürze, ohne auf Gott zu hören, dann erreiche ich nichts, außer dass ich bald erschöpft bin und mich nicht mehr wohl fühle.

Wie das abläuft, sehe ich häufig in meiner Praxis. Je zerrissener sich eine Frau fühlt, desto öfter sucht sie ihre Ausflucht darin, dass sie noch mehr Zerstreuung sucht und sich noch mehr Aktivitäten auflädt. Rollo May hat einmal gesagt: »Es ist eine alte und tragische Gewohnheit des Menschen, dass er nur immer schneller läuft, wenn er sich verirrt hat.«

Doch die Jagd nach Äußerlichkeiten, und seien sie noch so verführerisch, kann die innere Leere nicht füllen. Es funktioniert nicht, sich wahllos auf irgendwelche Aktivitäten zu stürzen, um den Schrei der Seele zu ersticken. Das ist etwa so, wie wenn eine Mutter hofft, sie könne ihr schreiendes Baby zur Ruhe bringen, indem sie den Küchenboden schrubbt. Ein hungriges Baby lässt sich nur dann beruhigen, wenn sie es füttert. Und genauso können wir unsere durstige, konfliktbeladene Seele nur dann zur Ruhe bringen, wenn wir auf ihr Schreien hören und ihr die richtige Nahrung geben. Jesus sagte: »Wer von dem Wasser trinken wird, das ich ihm gebe, den wird in Ewigkeit nicht dürsten, sondern das Wasser, das ich ihm geben werde, das wird in ihm eine Quelle des Wassers werden, das in das ewige Leben quillt« (Johannes 4,14).

Ich selbst kann am Morgen, wenn der Lärm von draußen noch gedämpft ist, am besten hören, was mein Inneres braucht. Anderen gelingt es vielleicht am Nachmittag besser, wenn die Kinder schlafen, oder am Abend, bevor das Licht gelöscht wird. Es ist letztlich nicht so wichtig, zu welcher Tageszeit wir zu Gott kommen. Auf jeden Fall aber werden wir aus diesen Zeiten der Stille mit Gott gestärkt hervorgehen. Ist es nicht das, was Jesaja meint, wenn er schreibt: »Durch Stillesein und Hoffen würdet ihr stark sein« (Jesaja 30,15)?

Mit leerem Tank kann es nicht weitergehen, sei es beim Auto oder im eigenen Leben. Wenn wir uns stattdessen die Zeit nehmen, Worte des Geistes und des Lebens zu trinken, dann können wir den Anforderungen des Tages – auch den dringenden Anrufen und den Notfällen – voller Mut und Kraft und Energie begegnen.

Jesu Quelle fließt davon über.

Trinken Sie mit mir davon.

Ein Schlückchen Hoffnung und Humor

Eine junge Frau betrat in New York eine Bank und verlangte nach dem Kreditberater. Sie erklärte, sie müsse geschäftlich für zwei Wochen nach Europa fliegen und brauche fünftausend Dollar. Der Bankbeamte erwiderte, für einen Kredit in dieser Höhe benötige die Bank eine Sicherheit. Daraufhin übergab sie ihm die Schlüssel zu ihrem neuen Rolls-Royce, den sie direkt vor der Bank abgestellt hatte. Der Wagen wurde untersucht und als Bürgschaft akzeptiert. Ein Angestellter fuhr den Rolls in die Garage der Bank.

Zwei Wochen später kam die Frau zurück und zahlte die fünftausend Dollar zuzüglich Zinsen, die sich auf 15,41 Dollar beliefen. »Gnädige Frau«, sagte der Kreditberater, »es war uns ein Vergnügen, für Sie tätig zu sein, und es hat ja auch alles wunderbar geklappt. Aber wir haben uns etwas gewundert. Wir haben während Ihrer Abwesenheit nähere Erkundigungen eingezogen und dabei festgestellt, dass Sie Multimillionärin sind. Deshalb fragen wir uns, wieso Sie bei uns fünftausend Dollar aufnehmen wollten?«

Die Frau entgegnete lächelnd: »Wo sonst in New York könnte ich meinen Wagen zwei Wochen lang für fünfzehn Dollar parken?«

Nenn ihn Java, Bohnentrank, schwarz geröstetes Wasser, Schriftstellerdroge, qualmenden Teer, geröstetes Coffein oder einfach Kaffee. Hauptsache, er steht in einer Tasse neben meinem Bett, wenn ich aufwache. *Nelson Lin*

Eine halbe Stunde zum Zuhören ist wichtig, außer wenn du viel zu tun hast. Dann brauchst du eine ganze Stunde.

Ohne Zeiten der Stille kann ich nicht die Frau sein, die ich sein sollte. Stille ist ganz wesentlich, wenn man in die Tiefe wachsen will.

KAPITEL 3

Das Geschenk des Glaubens

Lasst die Liebe euer höchstes Ziel sein!
Bemüht euch um die Gaben, die der Heilige Geist gibt.
1. Korinther 14,1; Hfa

Eigenartig – noch ein bis zwei Wochen, nachdem Nathan aus der Schule davongelaufen war, war ich schreckhaft. Jedes Mal, wenn das Telefon klingelte, zog sich mir der Magen zusammen. Ich hatte Angst, es wäre wieder die Schule dran und jemand würde sagen: »Frau Vredevelt, es geht um Ihren Sohn. Wir haben die Polizei eingeschaltet...« Der Stress der vorangegangenen Woche hatte mich ziemlich durchgeschüttelt und ich konnte nicht allzu viel vertragen.

Trotz der geistlichen Hausaufgaben, die ich am Tag nach Nathans Ausreißen gemacht hatte, war meine Reaktion in den folgenden Tagen doch völlig normal. Es ist nichts Außergewöhnliches, wenn man nach einer Krise, einem unerwartet aufgetauchten Problem oder einschneidenden Veränderungen zunächst einmal überall Grund zur Besorgnis sieht. Körper und Seele brauchen Zeit, um sich umzustellen und wieder zur Ruhe zu kommen. Auftanken ist keine einmalige Sache, sondern muss ständig neu praktiziert werden, damit wir frische Anfälle von Angst im Keim ersticken können.

Manche Menschen werden durch schwere Krisen oder chronischen Stress übervorsichtig und vermuten hinter jeder Ecke Gefahr. Vor kurzem sprach ich auf einer Frauenfreizeit und konnte beim Essen etwa folgende Bemerkungen hören: »Im Moment geht's mir wirklich gut. Aber ich frage mich, wie lange das anhält.«

»Meine Kinder hatten ein tolles Jahr – toi, toi, toi –, aber wer weiß, wie lange das so weitergehen wird.«

»Es läuft alles bestens. Aber ich habe Angst, mich zu sehr zu freuen, weil ich nicht wieder enttäuscht werden will.«

Die Angst hatte diese Frauen im Griff. Sie hatte sich unmerklich eingeschlichen und hinderte sie nun daran, sich an dem Guten zu erfreuen, das ihnen offensichtlich geschenkt war. Kennen Sie das auch? Diese nagende Angst vor dem, was hinter der nächsten Ecke auf uns lauern könnte?

Eines meiner Spezialgebiete als Therapeutin ist die Arbeit mit traumatisierten Stressopfern. Ich kenne die Symptome mehr oder weniger auswendig. In den Jahren nach Nathans Geburt – sechs Wochen zu früh, mit schweren Herzkomplikationen und der überraschenden Diagnose, dass er am Down-Syndrom litt – fiel es mir jedoch schwer zuzugeben, dass ich selbst damit zu kämpfen hatte. Ich lebte ständig mit der unbestimmten Ahnung, dem drückenden Verdacht, dass irgendetwas Schlimmes passieren müsste. Ich quälte mich mit völlig irrationalen Ängsten, dass John oder einem unserer anderen Kinder, Jessie oder Ben, etwas zustoßen oder sie, schlimmer noch, sterben könnten.

Ich probierte alle therapeutischen Methoden, die ich kannte, um dagegen anzugehen: aufbauende Selbstgespräche, Bibellese, Loblieder, Ablenkung, Gespräche mit Freunden, Sport – alles. Und meist fand ich eine gewisse Erleichterung. Doch zu einem Wendepunkt kam es erst, als ich eines Morgens im Brief des Paulus an die Korinther las. Ich hatte den Abschnitt vorher schon oft gelesen. An jenem Morgen gewann er für mich jedoch eine völlig neue Bedeutung.

> Es sind verschiedene Gaben; aber es ist ein Geist ... In einem jeden offenbart sich der Geist zum Nutzen aller; dem einen wird durch den Geist gegeben, von der Weisheit zu reden; dem andern wird gegeben, von der Erkenntnis zu reden, nach demselben Geist; einem andern Glaube, in demselben Geist; einem andern die Gabe, gesund zu machen, in dem einen Geist ... Dies alles aber wirkt derselbe eine Geist und teilt einem jeden das Seine zu, wie er will.
> (1. Korinther 12,4+7-9+11).

Beim Nachdenken über diese Verse wurde mir klar, dass ich ein bestimmtes Maß an Glauben habe. Aber hier war von einem Glauben die Rede, den der Heilige Geist gibt und der über das Normale hinausgeht. Hier ging es um einen Glauben, der einen Menschen dazu befähigt, ganz und absolut auf die Treue und Verlässlichkeit Gottes zu vertrauen.

»Das will ich auch, Herr!«, rief es in mir. »Diese unnötigen Ängste fressen mich auf. Ich brauche einen Geist des Glaubens. Hier steht, dass du manchen Glauben gibst – ich möchte alles, was du geben kannst, Herr.«

Ich kann nicht behaupten, dass sich in den dreißig Sekunden, die ich für dieses Stoßgebet brauchte, alle Ängste auflösten. Aber ich spürte in meinem Inneren eine größere Bereitschaft, noch fester zu glauben, dass Gott mir alles geben kann, was ich brauche und wenn ich es brauche. Während ich meinen Geist weiter füllte und dem Herrn mein Herz öffnete, ließen sich die Ängste allmählich bewältigen.

Dabei ging mir auf, dass Glaube und Angst gewaltige Gegensätze sind. Der Glaube sorgt nicht automatisch dafür, dass alle unsere Ängste verschwinden. Wir leben in einer unberechenbaren Welt voller Ungereimtheiten, die Angst machen können. Wir leben mit dem Verkläger unserer Brüder, der uns schmäht und uns einen Geist der Angst einflößen will. Aber der Glaube kann uns zu mutigen Frauen machen, die mit den Problemen des Lebens fertig werden.

Vor Jahren sah ich einmal eine Erklärung für das Wort Angst: *falsche Beweise, die wirklich scheinen.* Wenn wir Angst haben, dann kommen wir leicht zu negativen Schlüssen, die nur auf einem Teil der Wahrheit beruhen und nicht auf korrekten und vollständigen Tatsachen. Wenn etwas schief geht, dann kommen uns in Windeseile die schlimmsten Schreckensbilder in den Sinn.

Auch das ist, nach einem Trauma, eine normale Reaktion. Aber sie ist lästig. Was wir in solchen Augenblicken brauchen, ist die Wahrheit. Nach Nathans Geburt, die unsere kleine Welt erschütterte, habe ich mir eine Erklärung für den Glauben zurechtgelegt, die ich mir immer vorsage, wenn mich Furcht überkommen will: *ganz hingegeben an Gott in Vertrauen und Demut.*

Wenn ich mich Anfechtungen und Schwierigkeiten gegenübersehe, wenn die Fragen nach dem »Was ist, wenn« die Oberhand gewinnen, dann muss ich meinen Glauben aktivieren. Ich muss den Blick zum Himmel richten, meine Hände ausstrecken und sagen: »Herr, egal, was passiert, ich will mich dir im Vertrauen und in Demut hingeben.« Das ist die Haltung, die ich auch in einem Mann zu spüren meine, über dessen Glaube sogar Jesus in Staunen kam. Seine Geschichte steht im Matthäus-Evangelium:

> Als aber Jesus nach Kapernaum hineinging, trat ein Hauptmann zu ihm; der bat ihn und sprach: Herr, mein Knecht liegt zu Hause und ist gelähmt und leidet große Qualen.
>
> Jesus sprach zu ihm: Ich will kommen und ihn gesund machen.
>
> Der Hauptmann antwortete und sprach: Herr, ich bin nicht wert, dass du unter mein Dach gehst, sondern sprich nur ein Wort, so wird mein Knecht gesund. Denn auch ich bin ein Mensch, der Obrigkeit untertan, und habe Soldaten unter mir; und wenn ich zu einem sage: Geh hin!, so geht er; und zu einem andern: Komm her!, so kommt er; und zu meinem Knecht: Tu das!, so tut er's.
>
> Als Jesus das hörte, wunderte er sich und sprach zu denen, die ihm nachfolgten: Wahrlich, ich sage euch: Solchen Glauben habe ich in Israel bei keinem gefunden ...
>
> Und Jesus sprach zu dem Hauptmann: Geh hin; dir geschehe, wie du geglaubt hast. Und sein Knecht wurde gesund zu derselben Stunde.
> (Matthäus 8,5-10+13)

Ich las die Geschichte ein paar Mal und fragte mich, was Jesus im Herzen dieses Mannes sah. Er war kein religiöser Führer. Er war nicht einmal Jude, sondern ein römischer Soldat. Stellen wir uns die Situation einmal vor. Jahrelang hatte Jesus vor allem den Kontakt zu den prominenten Kirchenleuten seiner Zeit gesucht. Mit den Schriftgelehrten stand er auf Du und Du. Ein paar ausgewählte Personen hatte er sogar selbst ausgebildet und betreut. Und nun sagt er, in seinem ganzen Leben sei ihm noch niemand begegnet, der so reagiert habe wie dieser Hauptmann.

Ich suchte in dem ganzen Bericht nach einem Anhaltspunkt dafür, warum dem Mann ein solches Lob zuteil wurde. Es sieht nicht so aus, als hätte er irgendetwas Besonderes getan. Die Jünger von Jesus hatten schon selbst die erstaunlichsten Wunder an Menschen vollbracht, aber keiner von ihnen wurde von Jesus wegen seines enormen Glaubens besonders erwähnt. Was sah Jesus in diesem Hauptmann?

Das Erste, was uns als Antwort einfällt, ist natürlich die reine Glaubenskraft dieses Mannes. Hier ist ein Heide, der sofort erkannte, was die Mehrheit der Juden nicht einmal erahnte: die Macht und Gewalt von Gottes Sohn. Im Text heißt es, der Römer nannte Jesus »Herr«. Das wirkt auf uns vielleicht nicht ungewöhnlich, aber damals war es politisch ganz und gar nicht korrekt, im Gegenteil!

Darum ist es wichtig, den historischen Zusammenhang zu sehen.

Wir wissen aus vielerlei Quellen, dass alle römischen Bürger damals ihren Kaiser als Herrn verehren mussten. Alles andere hatte schwere Strafen zur Folge. Und dieser römische Soldat kannte sicher die Gesetze seiner Zeit. Schließlich gehörte er zu den wenigen, die mit der Ehre ausgezeichnet worden waren, dem Kaiser bei der Durchsetzung eben dieser Gesetze zu helfen. Er wusste also, dass er sein Leben aufs Spiel setzte, wenn er Jesus mit »Herr« anredete. Ein solcher Verstoß hatte mindestens eine Degradierung zur Folge, im schlimmsten Fall die Hinrichtung.

Dieser Mann war mächtig. Er war reich. Er hatte jahrelang darauf hingearbeitet. Und doch exponierte er sich mit ein paar öffentlich geäußerten Worten und riskierte alles, selbst sein Leben. Er bewies damit eine totale Hingabe, absolutes Vertrauen und uneingeschränkte Demut vor dem einen, den er mit »Herr« anredete.[3]

Unzählige Leute standen an jenem Tag um Jesus und den Hauptmann herum. Viele glaubten, dass Jesus Wunder tun konnte. Aber jene, die nur auf Wunder aus waren, machten auf Jesus keinen Eindruck. Stattdessen wunderte er sich über einen Mann, der mit einem enormen Glauben bereit war, Jesus sein ganzes Wohlergehen anzuvertrauen.

Wissen Sie, dass es in der Bibel nur zwei Stellen gibt, an denen es heißt, dass Jesus sich wunderte? Eine haben wir hier in diesem Text vor uns. Die andere ist die, wo Jesus sich über den Unglauben der Menschen in seiner Heimatstadt wundert.

Die Geschichte über den römischen Hauptmann sagt mir, dass Gott nicht nur den ersten Platz in meinem Leben haben will. Er will mein ganzes Leben! Er will, dass ich mich ihm völlig hingebe. Er will, dass ich mein ganzes Wohlergehen in seine Hand lege und vertrauensvoll glaube, dass er für mich sorgen wird.

Wir wollen Kapernaum verlassen und in die raue Wirklichkeit unseres eigenen Lebens zurückkehren. Wenn wir Schweres durchmachen oder dunkle Zeiten hinter uns haben, dann ist unser Vertrauen erschüttert. Traumatische Erlebnisse reißen unseren Schutzpanzer ein und führen oft zu einer Glaubenskrise. Wir stellen auf einmal Fragen, die in besseren Tagen undenkbar wären:

Wo ist Gott?

Liebt Gott mich wirklich?

Kümmert er sich denn tatsächlich um mich?

Wie kann so etwas Schreckliches überhaupt einen Sinn haben?

Kummer verzerrt unsere Wahrnehmung. Schmerz verlangt eine enorme Menge innerer Kraft. Für anderes als das schiere Überleben bleibt da oft nicht mehr viel übrig.

Wenn Sie kürzlich eine Krise, ein traumatisches Ereignis, einen schweren Verlust erlebt haben, dann seien Sie nachsichtig mit sich selbst. Lassen Sie sich Zeit, um den Schmerz zu verarbeiten. Und lassen Sie Gott Zeit, Ihnen wieder die Richtung zu zeigen.

Nachdem Nathan aus der Schule davongelaufen war, hatte ich noch eine ganze Weile wacklige Knie. Doch im Lauf der Zeit legten sich meine Ängste. Ich bitte Gott noch immer, mir doch einen Geist des Glaubens zu schenken, der es mir möglich macht, mich ihm in Vertrauen und Demut ganz hinzugeben. Und ich gewöhne es mir immer mehr an, mich ganz praktisch seinen Wegen und Zielen auszuliefern. Wenn die Angst ihr hässliches Haupt erhebt und mich dazu verleiten will, mit dem Schlimmsten zu rechnen, dann gelingt es mir inzwischen häufiger, mit dem Glauben dagegenzuhalten.

Vergessen wir es nicht, der Kampf des Glaubens gegen die Angst wird im Kopf ausgefochten.

Wenn wir in Schwierigkeiten stecken,

dann sagt die Angst: »Gott hat dich verlassen. Er kümmert sich nicht um dich. Du bist allein.«

Der Glaube sagt: »In Gottes Reich hängt alles von seinen Verheißungen ab, nicht von Gefühlen. Gott hat einen Plan und dieser Plan ist Liebe.«

Wenn Sie jemand fallen gelassen hat,

dann sagt die Angst: »Du kannst keinem trauen.«

Der Glaube erwidert: »Gott, der Erlöser, bringt das Verlorene zurück.«

Wenn man schlecht über Sie redet,

dann sagt die Angst: »Alle reden über dich. Dein Ruf ist für immer ruiniert.«

Der Glaube entgegnet: »Wenn über mich irgendetwas Schlechtes geredet wurde, wird Gott es wieder zurechtrücken.«

Wenn Sie selbst eine große Dummheit begangen haben,

dann sagt die Angst: »Das war's. Du hast alles kaputtgemacht. Nun kannst du gleich das Handtuch werfen.«

Der Glaube antwortet: »Der Mensch ist mehr als sein Versagen. Gott wird meine Stärken und meine Schwächen gebrauchen, um seinen Plan zu erfüllen.«

Wenn Sie auf etwas warten,

dann sagt die Angst: »Du kannst hier sitzen, bis du schwarz wirst.«

Der Glaube erwidert: »Meine Zeit steht in Gottes Händen. Er wird seinen Plan mit mir zur rechten Zeit durchführen.«

Wenn Gott auf eines Ihrer Gebete Nein sagt,

dann sagt die Angst: »Wenn er dich wirklich lieben würde, würde er dir geben, was du willst.«

Der Glaube meint: »Gott handelt so, wie es für mich am besten ist.«

Wenn Ihnen etwas misslingt,

dann sagt die Angst: »Du kannst Gott nicht trauen. Sieh doch, wie er dich im Stich lässt.«

Der Glaube entgegnet: »Gott ist für mich gestorben. Damit hat er gezeigt, dass man sich auf ihn verlassen kann.«

Wenn Sie unter der Last Ihrer Schuld stöhnen,

dann sagt die Angst: »Das wird dich für den Rest des Lebens verfolgen.«

Der Glaube sagt: »Gott hält mir das nicht mehr vor. Er hat mir vergeben.«

Wenn tiefe Reue Sie quält,

dann sagt die Angst: »Die Narben bleiben und werden dich hindern.«

Der Glaube aber sagt: »Gott kann mich nicht trotz, sondern gerade wegen meiner Narben gebrauchen.«

Wenn ein guter Freund Sie enttäuscht,

dann sagt die Angst: »Was soll's? Es ist es nicht wert, sich darüber aufzuregen.«

Der Glaube sagt: »Gott wird das, was andere mir antun, zu meinem Besten gebrauchen.«

Wenn Sie spüren, wie Gott das Winzermesser ansetzt, um Sie zurechtzuschneiden,

dann sagt die Angst: »Wenn Gott dich wirklich lieben würde, dann würde er dich nicht so leiden lassen.«

Der Glaube aber antwortet: »Gott weiß viel besser, was ich brauche. Selbst Christus musste durch Leiden Gehorsam lernen.«[4]

Können unsere Zweifel und Ängste Gott unsicher machen? Nein. Haben unsere Gefühle einen Einfluss auf Gottes Reaktionen? Nein.

Aber der Glaube.

Wir wollen uns von unseren Ängsten daran erinnern lassen, dass wir geistlich immer wieder auftanken müssen, damit wir uns in völligem Vertrauen und ganzer Demut Gott hingeben können. Machen wir doch aus unseren Ängsten ein Gebet:

Gott, bringe du doch heute in meinem Geist das Geschenk des Glaubens hervor.

Hilf mir, so zu glauben, wie ich es noch nie getan habe.

Ersetze du den Geist der Angst durch einen Geist des Glaubens.

Öffne mir die Augen des Herzens, damit ich erkenne, was der Heilige Geist in meinem Leben wirkt – auch heute.

Mit einem solchen Gebet geben wir Jesus Gelegenheit, sich auch über uns zu wundern.

Ein Schlückchen Hoffnung und Humor

Mutti und Vati saßen vor dem Fernseher. Plötzlich sagte Mutti: »Ich bin müde und es ist spät. Ich glaube, ich gehe jetzt ins Bett.«

Sie ging in die Küche, um für den nächsten Tag die Schulbrote zu streichen, wusch die Müslischalen aus, holte das Fleisch fürs morgige Mittagessen aus dem Gefrierschrank, sah nach, ob noch genug Cornflakes da waren, füllte Zucker auf, deckte den Frühstückstisch und programmierte die Kaffeemaschine.

Dann holte sie die nasse Wäsche aus der Maschine und stopfte sie in den Trockner, schob eine Ladung neuer Wäsche in die Maschine, bügelte ein Hemd und nähte noch schnell einen losen Knopf an.

Sie hob die Zeitungen vom Boden auf, räumte die Reste der Spiele vom Tisch und legte das Telefonbuch zurück in die Schublade.

Dann goss sie die Blumen, leerte einen Papierkorb und hängte ein nasses Handtuch auf, damit es trocknen konnte.

Sie gähnte und reckte sich und machte sich auf den Weg zum Schlafzimmer. Am Schreibtisch blieb sie kurz stehen und schrieb eine Notiz für den Lehrer, zählte Geld für den Schulausflug ab und hob ein Schulbuch auf, das sich unter einem Stuhl versteckt hatte. Sie schrieb eine Geburtstagskarte für die Freundin, adressierte den Umschlag und klebte schon die Briefmarke auf. Dann machte sie noch kurz einen Einkaufszettel. Beides legte sie neben ihr Portmonee.

Sie schminkte sich das Gesicht ab, legte Feuchtigkeitscreme auf, putzte die Zähne, reinigte sie mit Zahnseide und feilte die Fingernägel.

Ihr Mann rief: »Ich dachte, du wolltest ins Bett.«

»Bin dabei«, erwiderte sie.

Sie goss etwas Wasser in den Hundenapf und ließ die Katze nach draußen und sah nach, ob alle Türen abgeschlossen waren. Sie schaute bei jedem der Kinder herein, knipste ein Nachttischlämpchen aus, hängte ein Hemd auf, warf ein paar schmutzige Socken in den Wäschekorb und unterhielt sich noch kurz mit dem einen, das noch immer über den Hausaufgaben saß.

Im Schlafzimmer stellte sie den Wecker, legte die Kleider für den nächsten Tag zurecht und rückte das Schuhregal gerade. Dann setzte sie noch drei Sachen auf die Liste mit den Dingen, die sie morgen erledigen wollte.

Etwa zur selben Zeit stellte ihr Mann den Fernseher ab und sagte zu niemand Speziellem: »Ich gehe jetzt ins Bett.« Und das tat er auch.

Einem Glauben, der nicht geprüft wurde, kann man auch nicht vertrauen. *Adriane Rogers*

Zweifel ist nicht das Gegenteil von Glaube; er ist ein Bestandteil des Glaubens. *Paul Tillich*

Der Glaube schützt nicht vor Schwierigkeiten, aber er gibt Zuversicht trotz aller Widersprüche. *Paul Tournier*

KAPITEL 4

Im Wechsel der Zeiten

Gott lenkt die Schritte des Menschen.
Sprüche 20,24; Hfa

Schwelgen Sie auch so gerne in Erinnerungen wie ich? Ich blättere oft durch meine Fotoalben. Das hilft mir, die richtige Perspektive zu bewahren, besonders wenn es in meinem Leben gerade ziemlich turbulent zugeht. Wenn ich auf die mehr als vierzig Jahre meines Lebens zurückblicke, weckt das die unterschiedlichsten Gefühle. Manche Zeiten waren richtig spannend, lustig, viel versprechend und voller Energie. Andere haben an den Kräften gezehrt, mir fast das Herz gebrochen oder waren voller Trauer.

Aber trotzdem kann ich durch alle Phasen hindurch ganz deutlich einen roten Faden erkennen: Gott hat einen Plan, und sein Plan ist gut.

Vor kurzem hatte ich eine Idee. Auf einer Linie, die mein Leben bis heute versinnbildlichen soll, habe ich die wichtigsten Etappen eingezeichnet. Das war eine tolle kleine Übung, bei der mir eine Menge klar geworden ist. Auf einmal konnte ich viel besser überblicken, wie Gott mich in meinem Leben geführt hat.

An den Anfang habe ich den Moment gesetzt, an dem ich Gott eingeladen habe, das Steuer meines Lebens zu übernehmen. Diese Zeit der Wiedergeburt bezeichne ich als *Frühling*. Darauf folgt der *Sommer*, eine Phase der Fruchtbarkeit. Der *Herbst* leitet eine schmerzliche Periode ein, in der vieles zurechtgestutzt wird, und dann kommen die langen, schweren Tage, die an den *Winter* denken lassen. Aber immer folgt ein neuer *Frühling*, so viel ist sicher.

Den ersten Frühling meines Lebens erlebte ich als Studentin an der Upper Arlington High School in Columbus im US-Staat Ohio. Meine Freundin Donna hatte mich in einen Bibelkreis eingeladen. Dort hörte ich zum ersten Mal, dass man eine persönliche Beziehung zu Gott haben kann. Ich musste ihm nur mein Herz öffnen, beten und ihm mein Leben übergeben. Das tat ich, und an jenem Abend schuf Gottes Geist in mir ein neues Leben und weckte in mir eine Sehnsucht nach Gott wie nie zuvor.

Der Sommer kam ein paar Monate später, als nach etlichen unglaublichen Ereignissen meine gesamte Familie inklusive Großeltern, Tanten, Onkeln, Cousins und Cousinen zum Glauben kam. Die restlichen Jahre in der Highschool waren fröhlich und fruchtbar. Ich hatte phantastische Freundinnen und machte bei einem Tanzteam, mehreren Clubs und einem Bibelkreis mit. Zu meiner Überraschung wurde ich bei einem Schulfest sogar zur Klassenprinzessin gewählt. Doch schon bald nach all den Festlichkeiten kam eine Nachricht von meinem Vater, die den Herbst einleitete.

Man hatte ihm eine neue, interessante Stelle in Kalifornien angeboten. Ich freute mich für ihn, aber ich selbst war traurig. Ich war nicht bereit für eine solche Veränderung. Im Januar meines letzten Schuljahrs zog meine Familie nach Kalifornien. Ich selbst jedoch blieb in Ohio bei meinen Großeltern, damit ich dort noch die Schule abschließen konnte. Die Trennung von der Familie war sehr schwer.

Zwei Tage nach dem Abitur setzte der Winter ein. Ich verabschiedete mich von den Großeltern und meinen Freunden und zog nach Kalifornien. Mir war, als müsste ich das Leben noch einmal ganz neu beginnen. Wie kann ein siebzehnjähriges Mädchen in einer neuen Stadt Freunde gewinnen, wenn die Schule als Ort der Begegnung wegfällt? Ich nahm einen Job als Bademeisterin an in der Hoffnung, so ein paar Leute kennen zu lernen. Aber die anderen Kollegen waren anscheinend alle schon miteinander befreundet und hatten kein Interesse daran, den Kreis zu erweitern. Dann beendete auch noch mein Freund aus Ohio unsere Beziehung. Obwohl draußen Sommer war, war es in meiner Seele winterlich kalt und einsam.

Aber Gott hatte einen Plan, und sein Plan war gut.

Irgendwann in jener frostigen Zeit gab eine Herdplatte in unserer Küche den Geist auf. Mama rief einen Handwerker und während er den Herd reparierte, erzählte er von einem Unternehmer, der an der Seite unseres Grundstücks, das an einen Bach grenzte, eine Stützmauer errichten könnte. Der Unternehmer hieß Ben Vredevelt.

Ben kam, machte uns ein Angebot und lud die ganze Familie für den nächsten Sonntag zum Gottesdienst in die Los Gatos Christian Church ein. Jenen Sonntag werde ich nie vergessen. Als wir das Gebäude betraten, war es schon bis auf den letzten Platz besetzt. Auf der Bühne standen etwa hundert junge Erwachsene, die ein Musical aufführen wollten.

Die Musik begann, und der Solist trat ans Mikrofon. Das Lied, das er sang, rührte mich zu Tränen. Er hatte eine unglaubliche Ausstrahlung. Mann, sah er gut aus! Was er mit Gott erlebte, schien ganz etwas anderes zu sein als das, was ich kannte. Selbst aus der Entfernung fand ich ihn höchst interessant.

Später fand ich heraus, dass er John Vredevelt hieß. Ich erfuhr auch, dass er und eine Schöne aus irgendeiner Schule in der Umgebung schon seit über einem Jahr ein »Thema« waren. Nun, für mich kam er wohl ohnehin nicht in Frage.

Im Jahr 1974 kam der Frühling zurück. Ich hatte mit vielen College-Studenten aus der Gemeinde Freundschaft geschlossen. In jenen aufregenden Monaten wuchs der Wunsch, die Bibel noch besser zu verstehen, in mir so stark, dass ich beschloss, nicht wie geplant an die Universität von Alabama zu gehen. Stattdessen schrieb ich mich an der Multnomah-Bibelschule in Portland ein. In jenem Jahr hatten sich neun junge Erwachsene aus unserer College-Gruppe bei Multnomah angemeldet. Einer war ganz zufällig der begabte und gut aussehende John Vredevelt.

Ja, es lag wirklich Frühling in der Luft!

John und ich wurden in diesem Jahr gute Freunde. Es hatte sich so ergeben, dass ich mit seinem Zimmerkollegen ging und John mit meiner Mitbewohnerin, und ganz zufällig waren die beiden Geschwister. Wir vier verlebten eine tolle Zeit. Doch wie es mit Freundschaften oft so geht – die Sache mit Nancy und John ging auseinander und die mit Craig und mir auch, und John und ich klagten uns gegenseitig unser Leid. Unsere blutenden Herzen fanden zusammen und wir wurden nicht nur die besten Kumpel, sondern auch Gesangspartner. Mit einer anderen Freundin bildeten wir das »His Life«-Trio, machten eine Platte und vertraten die Schule in Konzerten an der ganzen Westküste Amerikas.

Im folgenden Jahr wurde aus unserer Freundschaft Liebe, und 1975 fragte John mich, ob ich ihn heiraten wollte. Ich dachte darüber nach, betete mindestens drei Sekunden und stieß dann ein begeistertes »Ja!« hervor.

1976 wurde es wieder Sommer. Die warme Sonne, der blaue Himmel und die sanften grünen Hügel von Los Gatos in Kalifornien waren die Kulisse für eine wunderschöne Hochzeitsfeier, bei der John und ich uns offiziell unser Jawort gaben. Eine Woche später packten wir unsere Sachen, und es ging zurück nach Oregon zu unserem letzten Studienjahr. Bei einem älteren Mann mit großem Herz und Haus mieteten wir für neunzig Dollar im Monat unsere erste Wohnung. Sie war komplett möbliert und alle Nebenkosten trug der Besitzer. Das war für zwei arme Vollzeit-Studenten ein gutes Geschäft!

Am 7. September 1976 – einen Monat nach unserer Hochzeit – wurde es wieder Herbst und Winter. Wir erhielten die traurige Nachricht, dass Johns Vater ganz plötzlich an einem Herzinfarkt gestorben war. Unsanft wurden wir aus unseren Hochgefühlen und den Flitterwochen heruntergeholt an einen Ort, den wir noch nicht kannten – tiefe Trauer.

Und doch hatte Gott einen Plan, und sein Plan war gut.

In dieser Zeit geschah etwas Entscheidendes. An einem Wochenende wurden John und ich von ein paar Freunden zu einem Open-Air-Festival in Salem eingeladen. Top-Moderatoren und Musiker aus dem ganzen Land trafen sich für eine Woche zu interessanten Konzerten und Vorträgen. Ich saß im hinteren Teil eines riesigen Zelts unter den Zuhörern, während auf der Bühne eine Frau darüber sprach, welche Bedeutung Gott in unserem Leben haben kann. Ihre Geschichten nahmen mich gefangen. Als ich mit dem Publikum über einen Scherz von ihr lachte, schossen mir plötzlich die Worte durch den Kopf: »Genau das wirst du auch einmal tun.«

Damals kam mir das ziemlich komisch vor, denn die Frau auf dem Podium war die bekannte Autorin und landesweite Rednerin Joyce Landorf. Ich hingegen hatte keine Ambitionen, öffentliche Reden zu halten oder ein Buch zu schreiben. Trotzdem behielt ich die Worte im Hinterkopf.

1978 kamen Frühling und Sommer zurück. John wurde von der East Hill Church in Gresham in Oregon als Jugendpastor angestellt und ich als seine Assistentin. Mit dreihundert lebhaften und engagierten jungen Leuten machten wir also Jugendarbeit, aßen, tranken und übernachteten mit ihnen. Es war eine herrliche Zeit und wir hätten nicht zufriedener sein können.

Doch dann begannen wieder die Herbstwinde zu wehen. In der Gemeinde kam es zu größeren Veränderungen, und eines Tages kam John nach Hause und sagte: »Du hast keinen Job mehr.« Aufgrund der finanziellen Lage hatte man vielen Mitarbeitern kündigen müssen. Die Nachricht war ein Schock und hinterließ einen Stachel. Es war für mich das erste Mal in meinem Leben, dass man mich »weggeschickt« hatte.

Ein paar Monate später führte Gott mich zurück auf die Schulbank, um Kommunikationswissenschaft zu studieren. Es war eine bittersüße Zeit. Ich war daran gewöhnt, die meiste Zeit im Kontakt mit jungen Leuten zu verbringen und mit John zusammenzuarbeiten. Nun aber musste ich oft stundenlang allein dasitzen, nur mit einem Buch vor der Nase.

1986 erhielt ich das Diplom in Kommunikationswissenschaft. Doch das verblasste im Vergleich zu der Neuigkeit, die ich ein paar Monate später erfuhr: Ich war schwanger! Nach zehn Jahren Ehe waren wir mehr als bereit. Aber der Frühling hatte keine Chance.

Knappe fünf Monate später wurde es schon wieder Winter. Unser Baby war im Mutterleib gestorben. Die Wehen wurden eingeleitet und das Baby kam zur Welt, doch wir verließen das Krankenhaus mit leeren Armen. Es waren dunkle, kalte Tage voller Trauer!

Aber Gott hatte einen Plan, und sein Plan war gut.

Mir war nicht ganz klar gewesen, warum Gott gewollt hatte, dass ich Kommunikationswissenschaft studierte. Ich hatte das Fach einfach interessant gefunden und gemeint, es könnte mir bei der Arbeit mit Jugendlichen und Kleingruppen helfen. Doch eines Nachmittags begann ich das Ganze auf einmal unter einem anderen Blickwinkel zu sehen. Es war ein paar Wochen nach der Fehlgeburt. Ich war im Fitnessclub, schwamm ein paar Runden im Pool und musste plötzlich weinen. Zwischen Luftholen und Wasserschlucken betete ich: »Herr, ich weiß, dass du das Schlechte zum Guten kehren kannst. Aber ich kann nichts Gutes daran entdecken, dass unser Baby sterben musste. Kannst du mir nicht helfen, die Dinge mit deinen Augen zu sehen?«

Kurz darauf schoss mir der Gedanke durch den Kopf, ich könnte ein Buch für Eltern schreiben, die ein Baby verloren haben. Auf der Suche nach irgendetwas, das mir in meinem Schmerz helfen konnte, hatte ich in den vergangenen Wochen alle Buchhandlungen durchstöbert. Dabei hatte ich ein paar ziemlich theoretische medizinische Abhandlungen gefunden, aber nichts, was meine Gefühlslage oder meine Glaubensfragen angesprochen hätte. Darum ließ mich der Gedanke nicht mehr los. Das Diplomstudium hatte meine schriftstellerischen Fähigkeiten geschult. Und wenn ich es einmal geschafft hatte, eine neunzigseitige Arbeit zu schreiben, so überlegte ich, dann würde ich sicher auch über ein anderes Thema etwas zustande bringen.

Ich schickte einen Entwurf und drei Probekapitel an sechs Verlage. Zwei lehnten ab. Einer antwortete überhaupt nicht. Und drei zeigten sich interessiert. Ich traf mich zum Essen mit Liz Heaney, einer wunderbaren Frau und begabten Lektorin, die großes Interesse an meinem Projekt zeigte. Ein Jahr später kam mein erstes Buch heraus. Liz hatte mir bei der Bearbeitung des Manuskripts so wertvolle Hilfe geleistet, dass das kleine Buch sogar für einen Preis vorgeschlagen wurde. Inzwischen ist es schon sechzehn Jahre auf dem Markt und wird noch immer jeden Monat von Hunderten trauernder Mütter und Väter gelesen.

Gott hatte einen Plan, und sein Plan war gut.

Die Nachricht, dass das Buch tatsächlich veröffentlicht wurde, leitete einen neuen Frühling ein. Gott führte mich zurück an die Uni, in ein Psychologiestudium. Gegen Ende des zweijährigen Studienprogramms stellten wir fest, dass ich wieder schwanger war. Ich war im 9. Monat, als die mündliche Prüfung anstand. Meine Professoren empfanden wahrscheinlich großes Mitleid mit der kugelrunden Frau, die da vor ihnen stand. Ich weiß nicht, ob es daran lag, dass ich die Materie so gut wie auswendig konnte, oder ob sie mich vor allzu großem Stress, der womöglich die Wehen auslösen konnte, bewahren wollten, auf jeden Fall war die mündliche Prüfung kein Problem.

Eine Woche später kam unsere Tochter Jessie zur Welt. Die Jahre, die nun folgten, waren überaus glücklich. Es war Sommer und unsere Herzen waren leicht. Überall um uns herum spross neues Leben. Die Gemeinde, in der wir angestellt waren, wuchs und war gesund. Ich konnte mir leisten, zwei Tage in der Woche als Therapeutin zu arbeiten, die übrige Zeit verbrachte ich mit Jessie und John.

Drei Jahre später wurde unser kleiner Ben geboren. Nun war unser Glück vollkommen, und wir beschlossen, dass die Familie Vredevelt damit komplett war. Wir waren zufrieden mit unserem Leben, mit unserer Familie und unserer Arbeit.

Doch 1991 geschah es. Ich wurde wieder schwanger. »Wie kann das sein?«, fragte ich mich. Nun, natürlich wusste ich, wie es sein *konnte*. Aber es hätte nicht sein sollen! Wir hatten alle Vorkehrungen getroffen. Aber dieses Baby war trotz der narrensicheren Verhütungsmethode, die wir nun schon siebzehn Jahre angewandt hatten, empfangen worden. Das Leben hat seine eigene Art, uns beizubringen, dass es eine Illusion ist, alles »kontrollieren« zu wollen.

Ich war im vierten Monat, als ich an einer großen Frauenkonferenz in einem Hotel teilnahm. An einem Morgen hatte ich etwas freie Zeit. Deshalb ließ ich mir das Frühstück aufs Zimmer bringen, las ein wenig im Johannes-Evangelium und notierte meine Gedanken und Gefühle. Ich schrieb meinen ganzen Frust über die Schwangerschaft nieder und ließ ihn im Gebet heraus, die Gedanken, die ich mir darüber machte, was ein weiteres Kind für unser Familienleben und unsere Planung bedeutete, und meine eigene Unsicherheit darüber, wie ich mit dem, was Gott mir da anvertraute, fertig werden würde. Ich kann Ihnen sagen, Gott musste sich da einiges anhören.

Nachdem ich ordentlich Dampf abgelassen hatte, war er an der Reihe.

Es hat im Lauf der Jahre immer wieder Zeiten gegeben, wo Gott mir gewisse Dinge ganz klargemacht hat. Damals war so ein Moment. Als ich Kapitel 15 im Johannes-Evangelium las, stieß ich auf zwei bekannte Verse, die mich durchputzten wie eine doppelte Dosis Riechsalz: »Ich bin der wahre Weinstock, und mein Vater ist der Weingärtner, der alle unfruchtbaren Triebe abschneidet. Aber die fruchtbaren Reben beschneidet er sorgfältig, damit sie noch mehr Frucht bringen« (Johannes 15,1-2; Hfa).

Es war mir, als würde Gott zu mir sagen: »Pam, ich will dir nichts wegnehmen, ich will dich *beschneiden*.«

Im selben Moment kamen mir die drei Rosensträucher in unserem Vorgarten in den Sinn. Jeden Sommer bringen sie riesige gelbe, langstielige Rosen hervor, die unser ganzes Haus mit ihrem herrlichen Duft erfüllen. Doch im Herbst schneidet John sie radikal zurück. Wenn seine Gartenschere die Arbeit erledigt hat, schaue ich mir die Stümpfe an und denke: »Meine Güte, was ist dieser Mann brutal. Die armen Dinger sehen aus, als wären sie geköpft worden!«

Jeden Herbst frage ich mich, ob sie je wieder kommen werden, und jeden Frühling treiben sie wieder aus. Doch wie tief die Schere des Gärtners bei mir zuschneiden würde, ahnte ich noch nicht.

Drei Monate später wurde unser kleiner Nathan geboren, und für John und mich begann der härteste Winter unseres Lebens.

Ich verbrachte meine Tage damit, ein krankes Baby zu pflegen und daneben so etwas wie ein intaktes Familienleben aufrechtzuerhalten. Ein paar größere Entscheidungen wurden fällig. Ich kündigte meine Stelle und strich ein paar Hobbys, damit ich meine Kraft und Zeit besser auf die Familie konzentrieren konnte. Diese Opfer verstärkten allerdings den Kummer über Nathans Diagnose. (Was Gott uns in den folgenden vier Jahren im Einzelnen beigebracht hat, habe ich in einem anderen Buch festgehalten.)

Es waren schwere Jahre. Manche Dinge gaben unter den eisigen Temperaturen nach und erstarben in jenem Winter. Manche persönlichen Wünsche musste ich begraben:

 Den Plan, den ich mir für mein Leben gemacht hatte

 Den Wunsch nach einem gesunden Kind

Den Wunsch nach beruflichem Erfolg

 Für fünf Jahre die schriftstellerische Arbeit

 Gewisse lieb gewordene Arbeitsbereiche

 Einen großen Teil meiner freien Zeit

 Einige Kontakte, die ich wegen Zeitmangels nicht weiterpflegen konnte.

Ja, manchmal gab es Zeiten, da war mir, als müsste ich mich selbst zu Grabe tragen.

Aber Gott hatte einen Plan, und sein Plan war gut.

Es gibt ein paar unumstößliche Tatsachen. Dazu gehört, dass auf jeden Winter ein Frühling folgt. Das gilt in der Natur und das gilt genauso für Sie und mich. Gott ist treu und er tut immer, was er verheißt.

Ich kann ehrlich sagen, dass ich heute nicht mehr dieselbe bin wie vor Nathans Geburt. Durch die alte Asche bricht sich überall neues Leben Bahn. Überall spüre ich neue Kraft, ob ich mit John und den Kindern zusammen bin, in der Beratungspraxis oder überall da, wo Gott mich hinführt. Ich habe wieder neu das Vertrauen gewonnen, dass ich an dem Platz stehe, an dem ich in diesem Abschnitt meines Lebens sein soll. Und wenn Gott mich an einem anderen Platz haben möchte, dann weiß ich, dass er die Umstände so lenken wird, dass ich dorthin gelange.

Je länger ich mit Gott unterwegs bin, desto mehr bin ich davon überzeugt, dass Gott sich nur von einer Sache beeindrucken lässt: davon, dass sein Geist in uns lebt. Gottes größtes Ziel ist es, dass wir ihm immer ähnlicher werden.

Und wie ein Gärtner weiß er genau, wann, wo und wie tief er schneiden muss, damit sein Geist in unserem Leben die Hauptrolle spielt.

Die verschiedenen Jahreszeiten, die wir durchleben, haben nichts Zufälliges an sich. Jede hat ihre eigenen Farben, Bilder und Düfte. Mit unendlicher Kreativität liest ein weiser, liebender Gott für jeden von uns die passende Jahreszeit heraus, um uns das Geheimnis des Lebens näher zu bringen, um uns ein neues Lied in den Mund zu legen und unserem Wesen Tiefe und Schönheit zu geben. Gott, und Gott allein, weiß am besten, wann es Zeit ist, eine neue Jahreszeit anbrechen zu lassen, damit sein Geist sein Werk vollbringen kann. Darum bin ich *überzeugt*: Gott hat einen Plan, und sein Plan ist gut.

Für mich.

Und für Sie.

Glauben Sie mir.

Ein Schlückchen Hoffnung und Humor

An alle:
  Achtung!
  Die Badezimmertür ist zu!

Bitte stellt euch nicht davor und redet und jammert. Versucht auch nicht, mich irgendwas zu fragen. Wartet, bis ich rauskomme.
  Ja, es ist abgeschlossen. Ich will das so.
  Das Schloss ist nicht kaputt. Ich bin nicht eingesperrt.
  Ich weiß, dass ich, seit ihr geboren seid, sonst nicht abgeschlossen und die Tür manchmal sogar offen gelassen habe, weil ich Angst hatte, es könnte irgendetwas Schreckliches passieren, während ich hier drinstecke.
  Aber das ist jetzt zehn Jahre her und ich möchte endlich einmal allein sein.
  Fragt mich nicht, wie lang ich brauche.
  Ich komme raus, wenn ich fertig bin.
  Kommt auch nicht mit dem Telefon an die Tür.
  Oder rennt zum Telefon zurück und brüllt:
  »Sie ist im Bad!«
  Fangt auch nicht an zu streiten, sobald ich hier drin bin.
  Und streckt nicht eure kleinen Finger unter der Tür durch und macht damit eure Faxen.
  Das war vielleicht damals lustig, als ihr zwei Jahre alt wart.
  Schiebt keine Pfennige, Legosteine oder Zettel unter die Tür.
  Selbst als ihr zwei wart, war das ziemlich lästig.
  Wenn ihr hinter mir hergelaufen seid und geredet habt und jetzt vor der verschlossenen Tür immer noch redet,

dann bitte ich euch, dreht euch um, geht weg und wartet woanders auf mich.

Wenn ich fertig bin, will ich euch gern wieder zuhören.

Ach ... und übrigens, ich habe euch trotzdem immer noch gern.

Eure Mutter

Wir werden in diesem Leben Schmerzen und Prüfungen erleben, an denen wir nichts ändern können. Wir müssen es einfach zulassen, dass sie uns verändern.

Ron Lee Davis

KAPITEL 5

Hoffnungssamen

*Ich verspreche euch, dass ich die Schleusen des Himmels
wieder öffne und euch mit allem überreich beschenke.
Maleachi 3,10; Hfa*

Welcher Wunsch schlummert heute in Ihrem Herzen? Träumen Sie von etwas, das eher ein Hirngespinst ist, als dass es Wirklichkeit werden könnte? Haben Sie womöglich schon die Hoffnung aufgegeben, dass je etwas daraus werden wird?

Dann sollten Sie meine Freundin Laurel kennen lernen. Laurel ist Berufsmusikerin, und ich bin ihr »zufällig« auf einem Flug nach Südkalifornien begegnet. Sie erzählte mir ihre Geschichte und ich finde, Sie sollten sie auch kennen. Denn Laurel weiß, wie es ist, wenn man sich etwas wünscht und sich ganz auf Gott verlassen muss. Sie hat auch etwas von der Kraft erfahren, die Gott schenkt, damit man mit kleinen Schritten in die richtige Richtung gehen kann. Ich lasse sie selbst berichten.

***

»Laurel, was ist dein größter Wunsch?«

Als eine Freundin mir diese Frage stellte, war ich zunächst sprachlos. Darüber hatte ich eigentlich noch nie nachgedacht. Am Tag, als ich mit meinem Mann Steve zum Traualtar geschritten war, hatten wir Gott unser Leben geweiht, um durch unsere Musik anderen von seiner Liebe zu erzählen. Es war ein anspruchsvoller Traum. Wir erfuhren etwas von der tiefen Freude, die es bringt, für Gott zu leben, aber wir lebten auch aus dem Koffer. Das war verhältnismäßig einfach, solange die Familie nur aus Steve und mir bestand. Doch als dann unsere beiden Söhne dazukamen, wurde es chaotisch.

Als mich darum nach zehn Jahren Vagabundenleben meine Freundin fragte, was mein größter Wunsch sei, kam ich mir zwar egoistisch vor, aber ich musste doch zugeben: »Mein größter Wunsch wäre ein eigenes Haus, ein Zuhause.« Meine Gedanken wanderten dabei zurück zu dem alten Mauseloch, in dem wir nach der Geburt unseres zweiten Sohnes gewohnt hatten. Ich litt noch immer unter der engen, kaum vierzig Quadratmeter großen Wohnung, die wir während unseres Engagements in Japan gemietet hatten. Sie war einfach zu klein für eine Familie mit einem Neugeborenen und einem sehr lebendigen Vierjährigen. Als wir endlich nach Amerika zurückkehrten, war ich erledigt, hatte die Nase voll und war mir gar nicht mehr so sicher, ob wir unserem Auftrag wirklich nachkamen. Es fiel mir schwer, überhaupt noch irgendwelche Träume zu haben.

Die Vorstellung von einem eigenen Haus mit einem Garten und einer Schaukel für die Kinder erschien mir geradezu absurd. Trotzdem fingen meine Freunde an zu beten.

Zwei Tage später klingelte das Telefon. Die Nachbarn von gegenüber sagten, sie würden wegziehen und ihr Vermieter wolle das Haus verkaufen. Das machte mich hellhörig. Das Haus hatte mir schon immer gefallen. Es war bescheiden und doch schön. Klein, aber eigentlich genau richtig für eine vierköpfige Familie. Und trotzdem viel geräumiger als das Haus, das wir im Moment gemietet hatten. Ich sagte den Nachbarn, wir seien interessiert.

Damit begannen die »Gespräche«. Der Hausbesitzer erklärte, er sei bereit, das Haus zunächst zu vermieten, damit wir für eine Anzahlung sparen konnten. Das hörte sich viel versprechend an. Dann reichten wir unser Angebot ein. Er lehnte ab. Während wir auf seinen Gegenvorschlag warteten, konnten wir beobachten, wie Tag für Tag eventuelle Käufer an »unserem« Haus vorfuhren. Man sah ihnen an, dass sie mehr zu bieten hatten. Anzahlungen. Eine feste Stelle.

Wir überlegten, wie wir sie abschrecken könnten, ob wir ein vergammeltes und verrostetes Auto in unsere Einfahrt platzieren oder im Vorgarten ein paar wüste Schlägereien inszenieren sollten, besannen uns dann aber doch auf unsere guten Manieren.

Eines Nachmittags kam meine Mutter mit einem Geschenk vorbei. Sie wusste, dass es mir nicht gut ging, und meinte, ein Eimer Tulpenzwiebeln könnte mich aufheitern. Er tat es – zunächst – nicht. Ich warf einen Blick hinein und dachte: »Wieso sollte ich vor diesem baufälligen Mietshaus so schöne Blumen pflanzen, wo ich doch viel lieber in dem Haus auf der anderen Straßenseite wohnen würde?«

Doch dann gab ich mir selbst die Antwort. Mit Schaufel, Handschuhen und Blumenzwiebeln bewaffnet marschierte ich über die Straße. Eine Zwiebel nach der anderen steckte ich in die Erde und betete über jeder einzelnen und bat Gott, uns nach seinem Plan zu führen. Meine Laune hob sich. Ich sang, grub Löcher und glättete die Erde zurecht und vergaß alles um mich herum.

Eine barsche Männerstimme ließ mich aufschrecken: »Was machen Sie denn da, kleines Fräulein?«

»Ich pflanze Blumen«, erwiderte ich und wischte mir übers Gesicht.

»Aber wohnen Sie nicht im Haus da drüben?«, fragte er und zeigte auf die andere Straßenseite.

»Ja, schon ... aber ... ich würde viel lieber hier wohnen.«

Er ging davon, schüttelte den Kopf und murmelte irgendetwas vor sich hin. Ich wandte mich wieder meiner Arbeit zu. Noch immer schwang eine leise Hoffnung in meinem Herzen.

Eine Woche später erschien der Hausbesitzer mit einem Gegenangebot an unserer Tür. Der Betrag schien erschwinglich, aber die Sache hatte einen Haken. Wir mussten innerhalb von drei Monaten die Anzahlung leisten. Ich schluckte. Nachdem der Mann gegangen war, lehnte ich mich an die Wand und dachte: »Unmöglich. Völlig unmöglich, dass wir in so kurzer Zeit so viel Geld zusammenbringen.«

Steve war anderer Meinung. (Steve hat die Gabe des Glaubens. Ich habe die Gabe des Zweifelns.) Er sagte, wir sollten das Angebot annehmen, einziehen und uns darauf verlassen, dass Gott uns geben würde, was wir brauchten. Eine Woche später schleppten wir unser gesamtes Hab und Gut über die Straße und bezogen unser neues Heim.

Als das Ende der Dreimonatsfrist nahte, geriet ich in Panik. Wir hatten gespart, so gut wir konnten, aber es reichte immer noch nicht, und für die nächste Zeit standen auch keine Auftritte an. Gebet hielt uns aufrecht.

Eines Morgens, eine Woche vor Ablauf der Frist, läutete schon früh das Telefon. Am anderen Ende war eine Frau, von der ich seit Jahren nichts mehr gehört hatte, und wollte wissen, ob ich am Wochenende etwas vorhätte.

»Nein, nichts«, sagte ich.

»Wunderbar!«, erwiderte sie. »Hätten Sie Lust, bei der Glaubenskonferenz für Frauen in Tacoma die musikalische Gestaltung zu übernehmen?«

»Ob ich Lust hätte? Soll das ein Witz sein? Ich wüsste gar nicht, was ich lieber täte!« Wir besprachen alles Notwendige. Als ich auflegte, merkte ich, dass ich vor lauter Begeisterung ganz vergessen hatte, nach dem Honorar zu fragen.

Das Wochenende war ein Geschenk des Himmels. Mit den Frauen ein Loblied nach dem anderen zu singen, half auch mir, wieder zu erkennen, was wirklich wichtig ist. Die Texte belebten meine Seele. Der Kontakt zu den Frauen, die bei der Konferenz mitwirkten, tat mir gut. Und kaum waren die Vorträge beendet, strömten Hunderte von Frauen aus den Sälen hinaus und stürmten die Büchertische und Musikstände. Ich war völlig überwältigt von der Begeisterung, mit der sie meine CD kauften. So etwas hatte ich noch bei keiner Tournee erlebt.

Zu Hause zählten wir zusammen, was durch die CD-Verkäufe, das Honorar und unsere Ersparnisse zusammenkam. Sie ahnen wohl schon, wie die Geschichte ausging. Gott hatte genau so viel gegeben, wie wir brauchten.

Wenn ich eine blühende Tulpe sehe, dann denke ich bis heute zurück an die Zeit, als meine Träume in einem Meer von Müdigkeit und vermeintlichem Versagen untergegangen waren. Aber dank der Ermutigung durch meine betenden Freunde, einer überraschenden Gelegenheit und einem Eimer voller Tulpenzwiebeln gab Gott diesen Träumen neue Gestalt und ließ sie Wirklichkeit werden. Kein Wunder, dass einer von Gottes Namen lautet: »der Gott, der versorgt«.

***

Intuitiv traf Laurel eine wichtige Entscheidung. Sie tat, als sei ihr Ziel schon erreicht, und trat die Enttäuschung mit Füßen. Als sie im Garten ihres Traumhauses die Tulpenzwiebeln setzte, pflanzte sie ihre Wünsche in Gottes Hand. Sie lud ihn ein, etwas zu tun. Und die Hoffnung konnte sprießen.

Welchen Schritt können Sie heute in Richtung Hoffnung tun, und sei er noch so klein? Es genügt schon, wenn Sie an einem freien Platz eine Blume pflanzen. Aber dieser Schritt ist bedeutungsvoll. Pflanzen Sie heute einen Samen der Hoffnung.

Ein Schlückchen Hoffnung und Humor

Ich kenne einen Gynäkologen, der nicht nur taub, sondern auch noch blind ist. Er rief einen Freund von mir an, der ebenfalls als Frauenarzt praktiziert, und bat ihn um einen Gefallen.

»Meine Frau klagt seit heute Nachmittag über Bauchschmerzen«, sagte er. »Aber ich will nicht meine eigene Frau behandeln und wollte dich fragen, ob sie zu dir kommen kann.«

Mein Freund forderte ihn auf, seine Frau zur Untersuchung zu bringen, und stellte fest (ob Sie es glauben oder nicht!), dass sie im fünften Monat schwanger war! Ihr Ehemann war mit der Sorge um seine Patientinnen so beschäftigt, dass er die wachsenden Rundungen seiner Frau gar nicht bemerkt hatte. Und ich habe mich gefragt, wie es ihr unter diesen Umständen gelungen ist, seine Aufmerksamkeit so lange auf sich zu lenken, dass es überhaupt zu der Schwangerschaft kommen konnte![1]

Ich habe von einer Frau gehört, die ihr Valium mit der Pille verwechselt hat. Sie hat vierzehn Kinder, aber es macht ihr nicht viel aus.

Gott braucht niemanden. Aber wenn der Glaube da ist, kann er durch jeden wirken.
A. W. Tozer

Glauben heißt erkennen, dass die Aufgabe, die vor uns liegt, nie so groß ist wie die Kraft, die hinter uns steht.

Wir erfahren nie, was Gott alles tun kann, solange wir nicht das Unmögliche versuchen. *F. B. Meyer*

Das Ende kommt noch und dann wird deine Hoffnung nicht zuschanden. *Sprüche 23,18*

KAPITEL 6

Berührungen

*Und sie brachten Kinder zu ihm, damit er sie anrühre.
Die Jünger aber fuhren sie an. Als es aber Jesus sah,
wurde er unwillig und sprach zu ihnen:
Lasst die Kinder zu mir kommen und wehret ihnen nicht;
denn solchen gehört das Reich Gottes. Und er herzte sie
und legte die Hände auf sie und segnete sie.
Markus 10,13-14+16*

Es war wieder mal so eine typische Woche. Randvoll mit den üblichen Anforderungen. Die Kinder mussten in die Schule und zum Sport gebracht und bei den Hausaufgaben überwacht werden. Ich hatte ein paar Beratungen, spielte Chauffeur und erledigte den Haushalt. Was die Routine jedoch störte, war die Tatsache, dass ein wichtiger Teil unserer Familie fehlte. John war für acht Tage zu einem Einsatz in Honduras und, meine Zeit, ich vermisste ihn ganz furchtbar. Nach dem fünften Tag war ich völlig fix und fertig.

Ich weiß ehrlich nicht, wie allein erziehende Mütter das schaffen, und habe ungeheuren Respekt vor der Zähigkeit und Ausdauer, mit der sie den Stress aushalten. Wenn John fort ist, wird mir jedes Mal aufs Neue bewusst, wie wichtig er mir und den Kindern ist – und wie viel Verantwortung er für die Familie übernimmt. Die Räder unseres Familienuhrwerks drehen sich viel reibungsloser, wenn wir als Team zusammenarbeiten.

Auch die Kinder spüren das. Sie haben einen eingebauten Radar, der mit hundertprozentiger Genauigkeit angibt, wenn ich mit den Nerven am Ende bin. Ich nehme an, es ist einfach menschlich, aber wenn Papa fort ist, dann scheint es, als würden sie noch mehr zanken und streiten. Sie werden zappelig und probieren aus, wie weit sie gehen können, und das auf eine Art, wie es ihnen nie in den Sinn käme, wenn Vater da ist.

In jener Woche, als John in Honduras war, musste ich oft mehr als ein Auge zudrücken und es brauchte viel gutes Zureden. Alle machten irgendwie Theater. Nathan jedoch schoss den Vogel ab. Seit er das letzte Mal verschwunden war, waren Monate vergangen, und wir hatten schon gehofft, die Sache sei endgültig ausgestanden. Doch als John fort war, gelang es Nathan nicht nur ein- oder zwei-, sondern dreimal, unbemerkt aus dem Haus zu entkommen.

Das erste Mal dachte ich, er sei in seinem Zimmer und spiele mit seinem Bruder Ben Nintendo. Ich hatte mir gerade einen frischen Kaffee gemacht, saß am Küchentisch und schrieb einen Brief, als es an der Haustür klingelte. Ich schaute aus dem Vorderfenster und sah ein unbekanntes Auto in der Einfahrt stehen. Wer wollte denn da so früh am Samstagmorgen bei mir hereinschauen? Als ich die Tür öffnete, stand eine Frau vom anderen Ende der Straße da mit Nathan im Schlepptau.

»Ist das Ihr Sohn?«, fragte sie. Ich murmelte so etwas wie ein Ja.

Und sie erklärte: »Ich fuhr den Eastman Parkway entlang [eine der Hauptstraßen, etwa einen Block von unserem Haus entfernt] und sah ihn die Straße entlanglaufen. Ich hielt an und sagte, er sollte einsteigen. Und da ist er.«

Ich konnte es kaum glauben. Ich dankte der Nachbarin, die mir wie ein leibhaftiger Engel vorkam, obwohl ich nicht einmal ihren Namen kannte, dass sie sich Zeit genommen hatte, um Nathan zurückzubringen. Als sie fort war, kam mir beinah das Frühstück hoch. Alle »Was hätte passieren können« schlugen über mir zusammen. Doch im ersten Moment konnte ich nichts anderes tun, als Nathan in die Arme zu schließen und ihn an mich zu drücken. Wie dankbar war ich, dass ihm nichts geschehen war. Als ich mich etwas beruhigt hatte, erklärte ich ihm streng, wie gefährlich es sei, ohne Mama oder Papa aus dem Haus zu gehen. Und dann musste er ganz lange auf dem Hocker in der Küche sitzen.

Nachdem er seine Strafe verbüßt hatte, musste er mir zeigen, wie er aus dem Haus gelangt war. Er führte mich die Treppe hinunter zur hinteren Kellertür. Der Anblick, der sich meinen Augen bot, war eindeutig. Dort an der Tür stand mein Bürostuhl, genau so hingerückt, dass Nathan bequem hinaufklettern und den Riegel aufschieben konnte, den wir zur Sicherheit zusätzlich hatten anbringen lassen.

Ich sank auf den Stuhl, lehnte mit einem resignierten Seufzer den Kopf an die Tür und fragte mich: »Was sollen wir jetzt machen?« Die Phantasie ging mit mir durch und ich überlegte laut: »Wie wär's mit elektronischer Überwachung? Oder mit einem eingepflanzten Computerchip mit Radarfunktion?«

Ja, ja, ich weiß. Es war einer meiner neurotischen Augenblicke. Aber wenn man so verzweifelt ist, kommen einem manchmal die seltsamsten Dinge völlig vernünftig vor.

Ich wünschte, ich könnte sagen, meine Sorgen hätten sich damit erledigt. Doch dann meldete sich Nathans Lehrerin: »Ich weiß nicht, was mit Nathan los ist, aber in der letzten Zeit ist er anders als sonst.« Es fiel ihm schwer, von einer Beschäftigung zur anderen zu wechseln, und er zeigte kein Interesse an Dingen, die ihm sonst Freude machten. Da Nathan nur wenig mit Worten mitteilen kann, ist es oft schwierig zu erkennen, was ihm Probleme bereitet. Doch was er nicht sagen kann, zeigt er in der Regel durch sein Verhalten.

Ich konnte allerdings schon ahnen, was los war. Er hatte seinen Vater seit ein paar Tagen nicht mehr gesehen, und das bedeutete für ihn, dass etwas nicht stimmte. Er war daran gewöhnt, dass John jeden Tag da war. Er war daran gewöhnt, dass er ihn morgens und abends in die Arme nahm und ihn zwischendurch lobte. Denn jeden Tag brachte er seinem Vater die Tabelle, in der eingetragen war, was er in der Schule gemacht hatte. Lächelnde und traurige Gesichter zeigten an, wie er sich verhalten hatte. Sein Vater lobte ihn für jedes freundliche Gesicht. Und wenn Nathan unbeholfen auf die anderen deutete, machte er ihm Mut: »Morgen kannst du es besser machen. Morgen kannst du dich in der Pause melden und tun, was die Lehrerin dir sagt. Bring mir morgen von der Pause einen Smiley mit, Nathan. Okay?«

»Okay, Dada.«

Gerade als sich meine Sorgen wegen Nathan in völligen Frust verkehren wollten, kam John zurück. Gott sei Dank! Beim Abendessen berichtete er von zwei Waisenhäusern, die er in Honduras besucht hatte. Sie waren voller kleiner Mädchen und Jungen, die in den Straßen von Tegucigalpa ausgesetzt worden waren. John hatte sich im Verlauf der Woche ein Bild verschafft, was sie brauchten, damit er später mit der Familie und einem Team aus der Gemeinde zurückkommen und gezielt helfen konnte. Was er gesehen hatte, hatte ihn zu Tränen gerührt. »Ich werde es nie vergessen, wie die Kleinen sich an mich klammerten.

Sie hätten mir fast das Blut abgedrückt. Sie waren so hungrig nach ein bisschen Zärtlichkeit, dass man meinte, es ginge ums Überleben.«

Ist nicht Nathan – und Sie und ich – in gewisser Weise genau so wie diese Kinder im Waisenhaus in Honduras? Wenn wir von unserem Vater getrennt sind, dann spüren wir, dass da irgendetwas nicht stimmt. Wir verhalten uns anders als sonst. Wir suchen eine Hintertür, damit wir dem inneren Chaos entkommen können. Wir klammern uns an falsche Quellen der Sicherheit, in der Hoffnung, damit unser tiefstes Sehnen zu stillen. Wir versuchen das Loch in unserer Seele durch Menschen, Macht, Medikamente oder Munterkeit zu füllen.

Doch was wir brauchen, ist dasselbe, was auch Nathan brauchte – und wovon die Kinder in Honduras nicht genug bekommen konnten. Wir warten darauf, dass unser Vater uns anrührt.

Mit seinem Frieden, der sich von den Überraschungen, die das Leben uns bringt, nicht durcheinander bringen lässt.

Mit seiner Freude, die unsere Enttäuschungen überstrahlen kann.

Mit seiner Weisheit, die unser menschliches Denken oft übersteigt.

Mit seiner Gnade, die unsere Schuld abwaschen kann.

Mit seiner hartnäckigen Liebe, die uns annimmt, wie wir sind, und uns dazu anregt, so zu werden, wie wir sein könnten.

Mit seiner Auferstehungskraft, die unsere tote Seele mit neuem Leben füllen kann.

Am Tag nach Johns Rückkehr sprang Nathan fröhlich aus dem Bus und schwenkte schon von weitem seine Tabelle. John zog ihn auf seine Knie und zu dritt gingen wir den Tag durch. Neun lächelnde und zwei traurige

Gesichter – was für ein Fortschritt gegenüber den fünf vergangenen Tagen! Und am nächsten Tag kam es noch besser. Auf dem ganzen Blatt waren nur lächelnde Gesichter. Ist es nicht erstaunlich, was Zeit mit dem Vater ausmacht?

Wie läuft Ihre Woche? Haben Sie ein bisschen den Überblick verloren? Ist Ihnen der Kraftstoff ausgegangen? Sind auf Ihrem Blatt mehr traurige als lächelnde Gesichter? Warum nehmen Sie sich nicht ein wenig Zeit für Ihren himmlischen Vater? Sie werden nie herausfinden, wie sehr sich Ihr Zeugnis verbessern kann, solange Sie es nicht versuchen.

Ein Schlückchen Hoffnung und Humor

Zwei Frauen waren mit einer Seniorengruppe im Bus unterwegs nach Honduras. Als sie sich der Stadt Tegucigalpa näherten, begannen sie sich darüber zu streiten, wie der Name ausgesprochen würde. Hin und her ging das Geplänkel, bis der Busfahrer sie unterbrach und durchgab, es sei Zeit für einen Halt und das Mittagessen.

Im Restaurant gingen sie zur Theke, sahen sich die Speisekarte an und warteten darauf, dass ihre Bestellung aufgenommen wurde. Als die junge Frau hinter dem Tresen fragte: »Was kann ich für Sie tun?«, erwiderte die eine der Frauen: »Könnten Sie uns vielleicht helfen, einen kleinen Streit zu schlichten?«

Die Bedienung zuckte gleichgültig die Achseln: »Was gibt's?«

»Könnten Sie uns bitte ganz deutlich sagen, wo wir sind?«, bat die zweite Frau.

Darauf beugte die Bedienung sich vor und sagte betont langsam und deutlich: »Das Restaurant heißt ›Tah-ko-bell‹.«

Güte, Freundlichkeit und eine sanfte Berührung sind immer stärker als Gewalt und Zorn.
Denis Waitley

Siehst du nicht, wie der Schöpfer der Welt, der jedes Geheimnis versteht ... geduldig einem Vierjährigen zuhört? Das ist ein schönes Bild für einen Vater.

James Dobson

Wo ist unter euch ein Vater, der seinem Sohn, wenn der ihn um einen Fisch bittet, eine Schlange für den Fisch biete? Oder der ihm, wenn er um ein Ei bittet, einen Skorpion dafür biete? Wenn nun ihr, die ihr böse seid, euren Kindern gute Gaben geben könnt, wie viel mehr wird der Vater im Himmel den Heiligen Geist geben denen, die ihn bitten!

Lukas 11,11-13

KAPITEL 7

Vollkommen (aber) fix und fertig

[Jesus sagte:] »Kommt alle her zu mir, die ihr euch abmüht und unter eurer Last leidet! Ich werde euch Frieden geben. Nehmt meine Herrschaft an und lebt darin! Lernt von mir! Ich komme nicht mit Gewalt und Überheblichkeit. Bei mir findet ihr, was eurem Leben Sinn und Ruhe gibt. Ich meine es gut mit euch und bürde euch keine unerträgliche Last auf.«
Matthäus 11,28-30; Hfa

Als Marti zu mir in die Sprechstunde kam, hätte man meinen können, sie hätte alles im Griff. Sie sah aus, als wäre sie gerade den Seiten einer Modezeitschrift entstiegen. Knapp einsachtzig groß, brünett, stahlblaue Augen. Um ihren Körper musste sie jede Frau beneiden und ihr Haar glänzte von Natur, wie es kein Schönheitssalon hinbekommen kann. Ich übertreibe nicht, wenn ich sage, sie war einfach hinreißend.

Und Marti war nicht nur körperlich schön, sie besaß auch ein sicheres Auftreten. Ihr Gang war durch jahrelangen Ballettunterricht und Auftritte als Model geschult, ihr Benehmen hatte eine gewisse Eleganz. Natürlich verfügte sie auch über einen außergewöhnlichen Geschmack. Ihre

Kleidung war vom Feinsten und stammte aus internationalen Boutiquen aus der ganzen Welt. Das Make-up saß genauso perfekt wie ihr Haar.

Kurz, Marti war rundherum vollkommen. Der oberflächliche Betrachter musste annehmen, dass sie keine Sorgen hatte. Schließlich stand sie ganz offensichtlich auf der Sonnenseite des Lebens.

Oder nicht?

Das Äußere ist nicht alles, oder? Von außen wirkte die Neunundzwanzigjährige wirklich perfekt. Aber innen ... nun, da stimmte überhaupt nichts! Die Schönheitskönigin war nebenher noch Sklavin – Sklavin eines tyrannischen Herrn mit Namen Perfektionismus.

Zu Hause hatte Marti zwei Kleinkinder zu versorgen, die ihr den letzten Nerv raubten. Ihr ganzes Leben drehte sich um die beiden Wirbelwinde, die ihre ständige Aufmerksamkeit verlangten. Die Folge war, dass es in Martis Haus genauso chaotisch aussah wie in ihrem Kopf. Ganz egal, wie sehr sie sich abmühte, sie wurde der Unordnung nicht Herr. Überall lag Spielzeug herum. Müsliflocken markierten den Weg von der Küche zum Wohnzimmer und der Schlafzimmerteppich war mit Saftflecken verziert. Nicht einmal die Garage war sicher. Das Durcheinander schien sich von selbst zu vermehren und füllte jeden freien Zentimeter um das Auto herum.

Die wohl größte Überraschung war jedoch, dass Marti trotz ihrer natürlichen Schönheit und ihres gepflegten Stils ihr Aussehen hasste. Sie war müde und schlaff und schleppte sich durch jeden Tag. Nachts dagegen fand sie kaum Ruhe und lag lange Stunden wach. Der Schlaf wollte und wollte nicht kommen.

Dummerweise fand sie bei ihrem Mann kaum Unterstützung. Seit Jahren war er nicht mehr mit ihr ausgegangen. Der Höhepunkt von Martis Woche war, wenn Don nach der Arbeit einmal auf die kleinen Monster (pardon, ich meine natürlich die kleinen Schätze) aufpasste, damit Marti zum Einkaufen gehen konnte. Die hübsche Frau, die mir da gegenübersaß, war deprimiert, verunsichert und, das vor allem, völlig entmutigt. Sie hatte das Gefühl, sie könne nichts richtig machen, weder als Mutter noch als Ehefrau.

Als Marti zu mir kam, befürchtete sie, sie würde demnächst die Kinder erdrosseln, wenn ihr nicht bald geholfen würde. Und tatsächlich, es gibt kaum etwas, was den Perfektionismus eines Menschen deutlicher hervorbringt – und in Frage stellt – als ein paar wilde, ungebärdige Kinder. Aber wie haben auch alle Beteiligten darunter zu leiden! Körperliche Erschöpfung machte die Enttäuschung noch schlimmer. Je unzulänglicher sich Marti vorkam, desto mehr strengte sie sich an. Sie blieb auf bis in die frühen Morgenstunden und schrubbte die Küche, räumte das Spielzeug weg und wusch die Wäsche. Sie hätte unbedingt ein bisschen Ruhe gebraucht, aber in ihrem Bemühen, ein perfektes Heim zu schaffen, war sie viel zu rastlos, um sich einmal eine Pause zu gönnen.

Wir sprachen darüber, inwieweit ihre Hektik von ihren starren Denkmustern verursacht wurde. Ihr Weltbild war schwarzweiß. Die Kinder waren entweder engelgleiche Wesen oder teuflische Gören. Sie selbst war entweder Superfrau oder eine totale Niete. Ihr Haus war entweder so perfekt wie eine Abbildung aus *Schöner Wohnen* oder ein totales Schlachtfeld. Egal, um welchen Bereich ihres Lebens es ging – entweder war sie spitze oder ein Versager. Es gab keinen Mittelweg, kein »gut genug«. Und beim Fleiß verpasste sie sich natürlich selbst ein Ungenügend.

Ich spürte, dass da unter der Oberfläche ein paar Dinge lauerten, die für Martis Drang nach Vollkommenheit verantwortlich waren. Schließlich handelt es sich hier um ein

Verhaltensmuster, das wir uns über längere Zeit hinweg aneignen. Keiner wird als Perfektionist geboren. In den folgenden Monaten kam die Wahrheit allmählich ans Licht.

Als Marti fünf Jahre war, hatte ein Onkel sie sexuell missbraucht. Nun hatte sie Angst, ihre eigenen Kinder mit irgendjemand allein zu lassen. Vom Tag ihrer Geburt an waren sie entweder in ihrer oder Dons Obhut gewesen. Die Angst hielt die arme Frau in tödlichem Griff.

Aus Sorge um ihre Sicherheit ließ sie die Kinder auch zu Hause kaum einmal aus den Augen. Ihre ganze Kraft verwandte sie darauf, die Kinder bei Laune zu halten. Darüber wurde der Haushalt völlig vernachlässigt. In Martis Augen war das aber nur ein weiterer Beweis dafür, dass sie ihren Pflichten nicht nachkam.

Martis Vollkommenheitswahn war der Versuch, ein traumatisches Kindheitserlebnis zu verarbeiten. Es war ihr Versuch, das innere Chaos zu besiegen, das durch den Verlust der Unschuld und die Vergewaltigung von Körper und Seele entstanden war. Auch die Eltern hatten ihren Perfektionismus unterstützt. Sie hatten Marti gelobt, wenn sie hervorragende Leistungen erbrachte, und ihr Liebe vorenthalten, wenn sie nicht perfekt funktionierte. Im verzweifelten Bemühen, die Liebe ihrer Eltern zu gewinnen, versuchte Marti bei allem, was sie tat, spitze zu sein. Doch unter der scheinbar so makellosen Oberfläche saßen eine tiefe Unsicherheit und ständige Angst.

Während der Beratung stellte sich Marti ganz tapfer den Befürchtungen, dass ihren Kindern etwas passieren könnte. Sie erkannte, dass die Strategien, mit denen sie als Kind quasi ums Überleben gekämpft hatte, im Erwachsenenleben nur hinderlich waren. Sie begriff, dass es in ihrer Macht stand, sich anders zu verhalten. Sie konnte Grenzen setzen. Sie konnte Nein sagen. Sie konnte ihre Probleme offen zugeben und betrauern und dann loslassen.

Mit der Zeit fasste sie genug Mut, um einige Dinge zu ändern. Sie besprach mit ihrem Mann, dass sie sich regelmäßig einen Abend nur für sie zwei freihalten wollten. Nach ein paar Anläufen klappte es. Sie fuhren zum Essen in ein nah gelegenes Restaurant, und als sie heimkamen, saß der Babysitter auf der Couch, hatte beide Kinder auf dem Schoß und las ihnen aus dem Struwwelpeter vor.

Die Kinder hatten überlebt.

Marti hatte überlebt.

Und ihre Ehe hatte gewonnen.

Ausgeh-Abende sind nun ein fester Programmpunkt im Leben von Marti und Don. Und die Kinder sind ruhiger geworden. Mich überrascht das nicht. Wenn Mutter sich gesunde Grenzen setzt und zwischen Vater und ihr Einigkeit herrscht, dann spüren die Kinder das und fühlen sich sicher und geborgen.

Ich arbeitete ein paar Monate mit Marti und konnte hautnah miterleben, wie sie sich daran gewöhnte, auch mit einem »gut genug« in ihrem Leben zurechtzukommen. Es fiel ihr nicht ganz leicht, die Latte für sich und die Kinder niedriger zu legen. Sie lernte, sich für die Schritte, die sie auf ein Ziel hin machte, selbst zu loben. Hin und wieder erlaubte sie es sich sogar, im Haushalt nur »durchschnittliche« Arbeit zu leisten anstatt bei allem nach einer glatten Eins zu streben. Ihr Motto lautet jetzt: »Mach es besser, nicht vollkommen«.

Denn hier auf der Erde gibt es keine Vollkommenheit. Und doch ist das der Maßstab, nach dem sich viele richten, oder nicht? Ich erinnere mich noch, wie ich als Collegeschülerin die Worte Jesu las: »Ihr aber sollt so vollkommen sein wie euer Vater im Himmel« (Matthäus 5,48; Hfa). Der Vers nervte mich ungeheuer. Ich meinte, Gott wolle mir sagen: »Pam, für Irrtümer gibt es bei mir keinen Platz. Du musst dich anstrengen, damit du alles richtig machst.« Aber ich wusste nur zu gut, dass ich das nie schaffen würde. Die Aufgabe war absolut unrealistisch. Also schloss ich mit einem Seufzer meine Bibel und beschloss, das Ganze zu vergessen. Das war vor zwanzig Jahren.

Vor kurzem habe ich wieder im Matthäus-Evangelium gelesen. Als ich zu dem genannten Vers kam, sah ich ihn zum ersten Mal im größeren Zusammenhang. Und plötzlich leuchtete er mir ein.

Es heißt bei euch: »Liebt eure Freunde und hasst eure Feinde!« Ich sage aber: Liebt eure Feinde und betet für alle, die euch hassen und verfolgen! Auf diese Weise handelt ihr nämlich als Kinder eures Vaters im Himmel. Denn er lässt seine Sonne für die Bösen wie für die Guten scheinen, und er lässt es regnen für Fromme und Gottlose. Wollt ihr etwa noch dafür belohnt werden, wenn ihr die liebt, die euch auch lieben? Das tun sogar die, die Gott verachten! Wenn ihr nur euren Freunden liebevoll begegnet, ist das etwas Besonderes? Das tun auch die, die von Gott nichts wissen. Ihr aber sollt vollkommen sein wie euer Vater im Himmel.
(Matthäus 5,43-48; Hfa)

Thema dieses Abschnitts ist die bedingungslose Liebe. Ein solcher Beziehungsansatz steht in krassem Gegensatz zu jedem Streben nach Perfektion im Verhalten. Die Verse sagen zu mir: »Pam, du sollst deinen Mann, deine Kinder und Freunde bedingungslos lieben. Nicht weil sie vollkommen sind. Nicht weil sie tun, was du willst. Nicht weil sie deinen Erwartungen entsprechen. Du sollst sie deshalb bedingungslos lieben, weil Gott auch dich so liebt.«

Ich habe einmal nachgeforscht, was das Wort *vollkommen* wirklich meint. Im Zusammenhang des genannten Abschnitts, so fand ich heraus, bedeutet es *reif*. Das ist etwas völlig anderes als *fehlerfrei* oder *makellos*. Jesus weist uns hier darauf hin, dass wir lieben sollen wie Gott, reif und erwachsen. Wir sollen aufhören, uns selbst und andere nur dann zu loben, wenn wir alles »richtig« machen. Reife Liebe erwartet kein fehlerfreies Leben. Sie lässt sich nicht von einem übertriebenen Streben nach Perfektion knechten. Ihre Grundlage ist die Freiheit.

Marti erkannte, dass Perfektionismus ein innerer Zwang ist, Maßstäben zu entsprechen, die von Menschen gemacht sind. Reife bedeutet, Gott, andere und uns selbst zu lieben, ob wir diesen Maßstäben entsprechen oder nicht. Bedingungslose Liebe lässt den Drang nach Vollkommenheit in tausend Stücke zersplittern. Sie macht es uns möglich, uns weiterzuentwickeln. Sie schenkt uns Freiheit – auch die Freiheit, Fehler zu machen.

Wollen Sie mit mir heute bedingungslose Liebe schenken? Das ist eine riesige Aufgabe, ich weiß, eine, für die wir übernatürliche Hilfe brauchen. Gott möchte uns gerne diese Liebe geben, und zwar überreichlich.

Und wenn wir im Inneren Frieden und Liebe spüren, dann wird sich das in unserem Äußeren widerspiegeln. Anders geht es gar nicht. Das nenne ich wahre Schönheit. Eine Schönheit, die auch Marti heute ausstrahlt.

Ein Schlückchen Hoffnung und Humor

Ich messe mein Leben mit Kaffeelöffeln. *T. S. Eliot*

Eine Frau hatte Übergewicht. Der Arzt verordnete ihr eine Diät. »Essen Sie zwei Tage ganz normal, dann überspringen Sie einen Tag. Das tun Sie zwei Wochen und dann kommen Sie wieder zu mir. Ich bin sicher, dass Sie bis dahin mindestens fünf Pfund abgenommen haben.«

Als die Frau wiederkam, hatte sie fast zwanzig Pfund abgenommen. »Erstaunlich!«, sagte der Arzt. »Haben Sie sich auch genau an meine Anweisungen gehalten?«

Die Frau nickte. »Aber ich kann Ihnen sagen, am dritten Tag dachte ich, ich würde tot umfallen.«

»Vor Hunger, meinen Sie?«

»Nein, vom Springen.«

Es heißt immer, wir sollten mit unserem Körper reden. Meiner ist nicht sehr gesprächig, aber vor kurzem habe ich ihn reden hören. Ich habe ihn gefragt: »Körper, was hältst du davon, wenn wir um sechs Uhr zum Krafttraining gehen?« Und er hat klar wie eine Glocke geantwortet: »Wenn du das tust, falle ich tot um!«

Wer keine Fehler hat, ist tot. *John Heywood*

Je weiter man meint, von der Vollkommenheit entfernt zu sein, desto näher ist man ihr.

Gerard Groote

KAPITEL 8

Welch ein Vermächtnis!

*Gottes Geist selbst gibt uns die innere Gewissheit, dass wir
Gottes Kinder sind. Als seine Kinder aber sind wir –
gemeinsam mit Christus – auch seine Erben.
Römer 8,16-17; Hfa*

Als Therapeutin interessiert es mich, wie Veränderungen zustande kommen. Ich möchte gern wissen, was einen Menschen dazu bewegt, sein Tun und Verhalten zu ändern – und wie er es schafft, diese Veränderungen beizubehalten. Als Frau, die hauptsächlich Frauen berät, fasziniert mich besonders das weibliche Erbe in der Familiengeschichte – die Frage, warum manche Frauen anscheinend das Denken ihrer Mütter übernehmen, während andere völlig anders geraten als die Frauen, die sie erzogen haben.

Meine Freundin Diane unterscheidet sich ganz gewaltig von den Matriarchen früherer Generationen. Doch zwischen ihr und ihrer erwachsenen Tochter Nikki kann ich verblüffende Ähnlichkeiten feststellen. Beide sind starke Führungspersönlichkeiten. Beide bringen sich vorbehaltlos ein für Familie und Freunde. Beide lieben Gott und Menschen ohne Vorbehalt oder Verlegenheit.

Eines Nachmittags konnte ich einen Blick in Dianes Vergangenheit werfen. Dabei erfuhr ich, dass sie in ihrem Leben ganz bewusst ein paar Entscheidungen getroffen hat, die sie zu einer gesunden, starken Eiche machten. Ich bat sie, ihre Geschichte zu erzählen.

**

Ich habe nie viel über das Vermächtnis nachgedacht, das mir meine Mutter und Großmutter hinterlassen haben, bis meine Tochter etwa acht Jahre alt war. Damals bemerkte ich in ihrem Wesen ein paar Züge, die mir zunehmend Sorge bereiteten. Immer wieder bekam ich mit, wie sie über andere in ihrer Klasse negative Bemerkungen machte. Ihre Stimme hatte dann so einen scharfen Klang. Da dämmerte es mir: Meine Großmutter hatte immer andere Leute kritisiert und meine Mutter auch. Und nun tat Nikki dasselbe.

»Irgendwie«, dachte ich, »hat dieser hässliche Zug mich übersprungen und taucht nun bei meiner Tochter wieder auf.« Reines Wunschdenken! Ist es nicht erstaunlich, wie leicht wir den Splitter im Auge des anderen sehen und den Balken in unserem eigenen nicht? Doch der Herr half mir zu erkennen, dass auch ich an der Weitergabe dieses wenig positiven Erbes an meine Tochter nicht ganz unbeteiligt war.

Ich erinnerte mich an eine Bibelstelle, die ich schon Jahre kannte: »Wer mich verachtet, den werde ich bestrafen. Sogar seine Kinder, Enkel und Urenkel werden die Folgen spüren! Doch denen, die mich lieben und sich an meine Gebote halten, bin ich gnädig. Sie und ihre Nachkommen werden meine Liebe erfahren über Tausende von Generationen!« (5. Mose 5,9-10; Hfa). Aus diesen Versen geht klar hervor, dass Gott sich nichts sehnlicher wünscht, als uns und unsere Kinder und die nachfolgenden Generationen zu segnen. Aber ich wusste nicht, wie ich die Verhaltensmuster, die sich über Generationen hinweg bei uns eingeschlichen hatten, verändern konnte, um den Segen zu empfangen, den Gott uns schenken will.

Ich sprach mit Nikki über die negative Grundhaltung, die ich bei meiner Großmutter, meiner Mutter, mir selbst und auch bei ihr entdeckt hatte. Gemeinsam beschlossen wir, dafür zu sorgen, dass dieser Fluch sich in unserer Familie nicht weiter fortsetzen konnte. Obwohl Nikki damals erst acht Jahre war, begriff sie, was ich meinte, und wollte das auch ändern. Ich bat sie, mir zu verzeihen, wo ich ihr gegenüber zu negativ gewesen war, und sprach dann mit ihr ein einfaches Gebet: »Herr Jesus, Nikki und ich wollen nicht mehr so abfällig über andere denken. Wir wollen anders werden, als wir es bis jetzt gewesen sind. Bitte vergib uns, wo wir über andere gerichtet haben, und hilf uns, darauf zu achten, was aus unserem Mund herauskommt. Gemeinsam erklären wir heute, dass dieser Fluch unser Leben nicht länger beherrschen soll. Im Namen Jesu. Amen.«

Von da an nahmen wir uns vor, einander immer wieder daran zu erinnern, dass wir positiv denken und nicht in die alten Gewohnheiten zurückrutschen wollten. Eine Zeit lang funktionierte es. Aber dann kam es uns manchmal vor, als stünden wir wieder am Ausgangspunkt. Mit der Zeit entdeckte ich, wie sich die negative Haltung wieder in mein Denken und Reden einschlich. Ich hasste das. Doch je mehr ich versuchte, nicht so negativ zu sein, desto schlimmer wurde es.

Irgendwann wurde ich müde und schließlich erkannte ich, dass ich den Kampf nicht aus eigener Kraft gewinnen konnte. Ich ging auf die Knie und bat Gott um Hilfe. Ich spürte seine Nähe und hörte ihn sagen: »Diane, ich gebe dir nicht die Kraft, ›nichts zu tun‹. Ich gebe dir Kraft, so zu sein, wie ich dich haben möchte.«

»Wie möchtest du mich haben, Herr?«

Das 5. Kapitel im Galater-Brief kam mir in den Sinn. Ich schlug meine Bibel auf und da stand die Antwort, die ich brauchte, schwarz auf weiß vor meinen Augen:

> Dagegen bringt der Heilige Geist in unserem Leben nur Gutes hervor: Liebe und Freude, Frieden und Geduld, Freundlichkeit, Güte und Treue, Besonnenheit und Selbstbeherrschung ... Durch den Heiligen Geist haben wir neues Leben, und das soll jetzt auch bei uns sichtbar werden. (Galater 5,22+25; Hfa)

Mit neuer Hoffnung gab ich Gottes Geist die Erlaubnis, mein Lehrer zu sein. Mich zu lehren, wie ich gütig sein konnte. Mir zu zeigen, wie ich in meinem Gegenüber das Beste sehen konnte. Mir zu helfen, mit Augen der Liebe und des Mitgefühls zu sehen wie er. Ich bat Gott, mich all die Dinge zu lehren, die man mir, als ich jünger war, nicht vorgelebt hatte.

Vor allem aber hörte ich auf, mich zu bemühen, nicht mehr so negativ zu sein. Stattdessen versuchte ich, Gottes Geist in mir wirken zu lassen. Ein gewaltiger Unterschied! Nun musste ich nicht mehr versuchen, mit dem Blick im Rückspiegel vorwärts zu fahren. Die seelischen und zwischenmenschlichen Versäumnisse der Vergangenheit behinderten mich nicht mehr. Der Heilige Geist konnte mich zu einem neuen Lebensansatz führen.

Stück für Stück nahm Gott meine angeborene Neigung und die Irrtümer in meiner Erziehung von mir weg und rückte sie gerade. Er half mir dabei, im anderen die Stärken zu sehen und nicht nach seinen Schwächen Ausschau zu halten. Er ließ mich das Beste anstatt das Schlimmste vermuten. Es war ein langer Weg, aber mit der Zeit machte die Vorsicht der Freundlichkeit Platz. Aus Misstrauen wurde Unterstützung. Ich war nicht mehr so vorsichtig und lernte, mehr zu vertrauen. Wenn ich heute jemand sagen höre: »Diane, du bist ein so gütiger Mensch«, dann muss ich innerlich lachen und flüstere ein Dankgebet.

Nikki hat Ähnliches erlebt. Freunde und Verwandte sagen, sie sei eine der entzückendsten Frauen, die sie kennen. Ich glaube, Nikki hat diese Ausstrahlung, weil ich mir bewusst vorgenommen habe, meine negative Grundhaltung beizulegen, und mich vor ihren Augen um Veränderung bemüht habe. Sie ist mir gefolgt, und zusammen haben wir versucht durchzuhalten. Wir haben das Unsere getan und Gott das Seine. Nikki und ich haben ganz konkret erlebt, dass nichts so viel Kraft hat wie ein von Gott eingegebener Gedanke, der dann konsequent in die Tat umgesetzt wird.

Vor bald zwanzig Jahren sind Nikki und ich gemeinsam auf die Knie gegangen und haben Gott gebeten, unsere negative Einstellung wegzunehmen und durch seinen Heiligen Geist zu ersetzen. Unser ständiges Bemühen, das Negative in unserem Reden zurückzudrängen und durch positive Äußerungen zu ersetzen, hat sich gelohnt. Auch dass wir uns gegenseitig Rechenschaft ablegten, hat uns geholfen. Heute kann ich ehrlich sagen, dass Gott in mir und meiner Tochter ein gutes Werk getan hat.

***

Diane und ihre Tochter Nikki konnten aus einem hässlichen Charakterzug ein schönes, lebendiges Erbe machen, weil sie den ernsthaften Wunsch hatten, aus unvollkommenen Wurzeln gute Früchte hervorzubringen. Sie haben eine Frucht hervorgebracht, von der die späteren Generationen nur profitieren können. Wo ein solches Vermächtnis weitergegeben wird, da wird sich garantiert der Segen immer weiter fortsetzen.

Ein Schlückchen Hoffnung und Humor

Der endgültige Beweis dafür, dass Kaffee oder Tee der intellektuellen Ausdrucksfähigkeit förderlich sind, ist der, dass praktisch alle Völker das eine oder andere beim Gespräch servieren.
Philip G. Hamerton

Es sei, so heißt es, ein typisches Stresssymptom, wenn man zu viel Schokolade isst, zu viel Kaffee trinkt, zu viel einkauft oder zu viel schläft. Soll das ein Witz sein? Ich finde, genau so muss der perfekte Tag aussehen.

Menschen, die immer mit dem Finger auf andere zeigen, strecken nur selten die Hand aus.

Wer andere kritisiert, hat meist das erhebende Gefühl, er sei besser als sie. Es ist unmöglich, in der Heilung zu wachsen und eine kritische Haltung beizubehalten.
Oswald Chambers

Wenn du jemanden ändern willst, musst du ihn zuerst lieben.

Martin Luther King jr.

KAPITEL 9

Die Kraft von Stoßgebeten

*Der Mensch macht viele Pläne, aber es geschieht,
was Gott will.
Sprüche 19,21; Hfa*

Haben Sie schon einmal ein Stoßgebet gesprochen? Eines, das nur wenige Worte hat, aber dafür umso dringlicher ist? In einem meiner Bücher habe ich ausführlicher über diese Art von Gebeten geschrieben. Es geht dabei um kurze, aber kraftvolle Gebete, mit denen die wichtige Verbindung zwischen einem bedürftigen Menschen und einem mächtigen Gott hergestellt wird.

Meine Freundin Wendy sprach eines Abends ein solches Stoßgebet: »Herr, was soll ich bloß tun? Wir sind so weit weg von dem, was du willst. Ich bete nun schon seit Monaten, aber es passiert kaum etwas. Herr, du musst eingreifen und uns helfen.«

Und genau das tat unser treuer Vater. Nicht so, wie Wendy es sich vorgestellt hatte. Und schon gar nicht so, wie sie es sich ausgesucht hätte. Aber so, dass es funktionierte. Ich will ihre Geschichte erzählen.

***

»Lieber Herr Jesus, bitte pass auf Mama Darla auf und auf Timmy, Tommy, Jake und JoJo und auf Oma und Opa ...«

Wendy wurde traurig, als ihre Adoptivtochter Bethany – wieder einmal – für ihre »andere« Familie betete. Es war nun fast ein Jahr her, dass Wendy und ihr Mann Laurence die zarte Zehnjährige in ihr Herz und Haus aufgenommen hatten. Im Lauf des Tages hörte Wendy oft: »Ich hab dich gern, Mama«, doch am Abend, wenn Bethany mit ihrem Vater im Himmel sprach, dann waren ihre Gedanken ganz bei ihrer leiblichen Familie. Wendy hatte Verständnis für die Sehnsucht des kleinen Mädchens, aber trotzdem hätte sie es so gern gehört, dass Bethany auch für die neue Familie betete.

Vor vierzehn Jahren waren Laurence und Wendy Bethanys richtiger Mutter zum ersten Mal begegnet. Wenn sie wieder einmal versuchte, von ihrer Drogensucht loszukommen, wohnte Darla ab und zu für eine Weile bei den beiden. Das Leben führte die Familien irgendwann auf getrennte Wege, doch immer wieder kam Darla mit Bethany und ihren Söhnen vorbei. Dann rief sie eines Nachmittags aus heiterem Himmel an und hatte eine überraschende Bitte: »Wendy, der Staat entzieht mir endgültig das Sorgerecht für die Kinder. Die anderen sind alle untergebracht, aber könntet ihr vielleicht überlegen, ob ihr Bethany nehmen wollt? Ich musste immer wieder an euch denken.«

Das Nest von Laurence und Wendy hatte sich damals gerade fast geleert. Von ihren drei Töchtern war nur noch die jüngste, die neunzehnjährige Michelle, zu Hause. Wendy und Laurence verreisten viel und waren in der Gemeinde in der Eheberatung tätig. Sollten sie ihr angenehmes Leben aufgeben und sich einem Kind zuwenden, das so tiefe seelische Wunden mitbrachte? Sie wären Bethanys achte Familie.

Alles in ihnen sträubte sich gegen die Vorstellung. Aber der Gedanke an Bethany ließ sich auch nicht abschütteln. Also beteten sie.

Eines Abends, als Wendy gerade wieder einmal über die Konsequenzen einer Adoption nachdachte, sprach Gott zu ihr und sagte: »Wenn ihr das kleine Mädchen bei euch habt, werdet ihr komplett sein. Es wird euch große Freude machen, Bethany zu helfen, dass sie heil werden kann.«

Wendy verstand, was Gott ihr sagen wollte. Sie hatte selbst viele Jahre gebraucht, um die Verletzungen ihrer eigenen Kindheit aufzuarbeiten. Nun hatte sie das Gefühl, Gott wollte ihr zusichern, dass durch Bethany die Familie auf neue Weise gesund und froh werden würde. Wendy war gern Mutter und hatte immer vier Kinder haben wollen. Wenn sie Bethany aufnahmen, würde sich dieser Traum erfüllen. Als der Rest der Familie seine Unterstützung zusagte, war die Sache für Wendy und Laurence entschieden.

Sie füllten die Bewerbung aus und besuchten Adoptionskurse. Die Wartezeit kam ihnen beinah so vor wie eine Schwangerschaft. Wendys ganzes Denken kreiste um den Familienzuwachs. Mit jedem Tag, so schien ihr, wuchs ihre Liebe zu Bethany. Schließlich kam der Anruf. »Sie haben Ja gesagt!«, verkündete Laurence triumphierend. »Bethany gehört uns!«

Sie fuhren zu dem Kinderheim, in dem Bethany untergebracht war. Bethany warf sich in Wendys Arme. Wendy drückte das dünne kleine Mädchen zärtlich an sich. Bethany wandte sich Laurence zu und sagte: »Hallo, Paps!« Der Anfang für eine neue Familie war gemacht.

Innerhalb einer Woche zog Bethany mit ihrer gesamten Habe bei Wendy und Laurence ein. Die »Flitterwochen« waren herrlich. Wendy platzte fast vor Freude.

»Ich bin so froh, dass ich noch eine Tochter bekommen habe!«, sagte sie zu Laurence. »Bethany wird uns jung halten!«

Aus den Adoptionskursen wussten sie allerdings, dass auf die Phase der Flitterwochen eine Zeit der Prüfung folgen würde. Jedes Adoptivkind stellt irgendwie die Frage: »Könnt ihr mich auch noch gern haben, wenn ihr wisst, wie ich wirklich bin?« Und die Antwort wird in der Regel ausgetestet.

Wahrscheinlich haben Sie es auch schon einmal erlebt, dass Sie sich ganz auf ein Problem konzentrieren und dann plötzlich von einer anderen Seite ein Schlag kommt. So ging es Wendy und Laurence. Nur wenige kurze Wochen nachdem Bethany bei ihnen eingezogen war, starb ganz unerwartet Laurence' Vater. Wendy und ihr Mann mussten zur Beerdigung nach Neuseeland fliegen und Bethany bei ihren beiden älteren Töchtern zurücklassen.

Das Ereignis brachte zum Vorschein, welche Angst Bethany hatte, verlassen zu werden. »Bitte, Mama, geh nicht weg!«, weinte sie, »bitte nicht!«, und klammerte sich an Wendy. Wendy war hin- und hergerissen, aber ihr war klar, dass sie ihrem Mann zur Seite stehen musste.

Als sie von Neuseeland zurückkamen, fing die Schule an und damit eine Zeit der Prüfung. Ärger machte sich breit. Häufig kam es zu Wutausbrüchen und Tränen. Rückzug wurde zur täglichen Routine, denn jeder brauchte Augenblicke ohne die anderen, wo er zur Ruhe kommen und seine Gedanken ordnen konnte. Wendy hatte das Gefühl, ihre elterlichen Fähigkeiten hätten sie völlig verlassen. Die Konflikte häuften sich so, dass sie sich schon fragte, ob ihre Entscheidung richtig gewesen war.

Wenn Bethany in ihr Zimmer verbannt wurde, schickte sie Briefe. An guten Tagen las sich das etwa so:

Liebe Mama,
es tut mir Leid, dass ich heute so ungezogen war. Ich hab dich trotzdem gern. Bitte sei mir nicht mehr böse.
Bethany Dunn

An schlechten Tagen klang es anders:

Wendy,
ich brauche Hilfe. Kannst du mir helfen? Willst du mir helfen?
Zutreffendes ankreuzen.

Wenn Bethany sie mit dem Vornamen statt mit Mama anredete, hatte Wendy das Gefühl, als würde ihr ein Messer ins Herz gebohrt. Ihre Bemerkungen, wenn sie achtzehn sei, wolle sie wieder bei Darla wohnen, stießen es nur noch tiefer. Wendy fragte sich, ob das kleine Mädchen sie je als Familie akzeptieren würde.

Etwa zur selben Zeit, als ihr erstes Enkelkind geboren wurde, konnte Wendy den ständigen Schmerz in ihrem Bauch nicht mehr länger übergehen. Sie ließ sich einen Termin beim Arzt geben. Dessen Worte waren knapp und deutlich: »Sie haben ein Gewächs an einem Eileiter. Wir können nicht ausschließen, dass es Krebs ist.«

Das Wochenende verbrachte Wendy wie unter Schock. Immer wieder drückte sie ihr Enkelkind an sich und flüsterte der kleinen Whitney zu: »Wir *werden* noch zusammen alt.« Und immer, wenn sie Bethany ansah, betete sie: »Herr, ich kann nicht glauben, dass du sie mir nur deshalb geschickt hast, damit sie schon wieder eine Mutter verliert.«

Die ständigen Arzttermine und das quälende Warten auf die Untersuchungsergebnisse forderten ihren Tribut und Wendy versank in einer Depression. Stoßgebete waren das Einzige, was sie noch über die Lippen brachte, wenn die Sorgen um die Familie und vor allem ihr jüngstes Mitglied sie heimsuchten. »Herr, ich kann Bethany keine gute Mutter sein! Ich habe keine Kraft mehr. Im Moment fühle ich mich weder ihr noch irgendjemand sonst gewachsen!«

Als die Operation bevorstand, nahm eine Familie aus der Gemeinde Bethany bei sich auf. Erstaunlicherweise war die Zeit im Krankenhaus sehr friedvoll. Wendy spürte, dass Dutzende von Freunden aus aller Welt für sie beteten. Sie spürte, wie Gott ihr die Gewissheit gab, dass die Krankheit nicht zum Tode führen sollte, sondern zum Leben. Und sie war voller Zuversicht, dass Gott ihre Schritte lenken würde.

Dann kam die Operation. Als Wendy wieder aufwachte, hörte sie Laurence sagen: »Ja, es war Krebs. Aber er wurde früh genug entdeckt. Du wirst wieder gesund.« Eingehüllt in Gottes Liebe, spürte sie keine Angst.

Die Zeit der Genesung jedoch schien kein Ende zu nehmen. Auf Anordnung des Arztes war Wendys Aktionsradius auf das Erdgeschoss beschränkt, denn sie sollte zwei Wochen lang keine Treppen steigen. Es war ihr schrecklich, nicht mit den anderen zusammen sein und sich nicht genug um Bethany kümmern zu können.

Während dieser Zeit kam einmal ihre Tochter Sharyn, um ihr im Haus zu helfen. Am Nachmittag hörte Wendy von oben Bethanys aufgeregte Stimme, dann Weinen und Schreien. Unter Tränen schickte sie ein paar weitere Stoßgebete zum Himmel.

»Es ist mein Fehler, dass meine Familie kaputtgegangen ist!«, schrie Bethany. »Ich bin schuld!«

Wendy hörte, wie Sharyn versuchte, das kleine Mädchen zu trösten. Freundlich fragte sie: »Und hast du jetzt Angst, dass unserer Familie auch etwas Böses zustößt?«

»Nie im Leben!«, erwiderte Bethany. »Eure Familie geht nicht kaputt! Ihr seid doch wie eine einzige Person. Jeder von euch ist doch ein Teil davon. Selbst wenn einer von euch etwas verkehrt macht, helft ihr euch.«

»Ist es das?«, fragte Wendy ihren Vater im Himmel. »Willst du Bethany das zeigen? Dass eine Familie selbst bei den größten Problemen nicht auseinander brechen muss?«

Die Antwort kam im Verlauf der nächsten Monate, in denen Wendy sich einer Chemotherapie unterziehen musste und sich viel zu schwach und müde fühlte, um noch am Familienleben teilzunehmen. Eines Tages sagte sie zu Bethany: »Es tut mir so schrecklich Leid, dass ich nichts mit dir unternehmen kann.«

Erstaunlich sanft entgegnete Bethany: »Das macht doch nichts, Mama. Du kannst ja schließlich nichts dafür, dass du krank bist.«

Bethany wurde immer verständnisvoller und umgänglicher. Es schien, als hätte Wendys Krankheit ihre besten Seiten zum Vorschein gebracht. Sie lernte, sich in die Familie einzuordnen, sie erledigte ihre kleinen Pflichten, ohne sich zu beklagen, und half Wendy, wo sie konnte. Die schweren Umstände zwangen sie dazu, sich um andere zu kümmern, anstatt sich nur um sich selbst zu drehen.

Ein langes, schweres Jahr verstrich. Dann war Wendy krebsfrei. Und was genauso schön war – obwohl Bethany immer noch von ihrer Vergangenheit eingeholt wurde, war die Hauptfrage doch geklärt: Sie wusste, dass sie zur Familie gehörte. Auch wenn es immer noch Konflikte gab, fing sie an, den anderen mit Liebe und Zuneigung zu begegnen, und bemühte sich, sich einzupassen.

Wendy und Bethany kamen sich dadurch immer näher. Das wurde nie deutlicher als am Abend, wenn Wendy ihre Tochter zu Bett brachte und sie beten hörte:

»Lieber Gott, bitte pass auf Mama auf. Hilf ihr, dass sie diese Nacht gut schlafen kann und dass es ihr morgen besser geht. Hilf ihr, dass sie wieder ganz gesund wird. Und bitte sei auch mit meinem Papa.«

Auch Wendys Gebete hatten sich verändert: »Lieber himmlischer Vater, bitte sei mit Bethanys Mutter Darla. Du weißt, wo sie heute Abend ist, und tröste sie. Sei mit Timmy, Tommy, Jake und JoJo. Und hilf, dass in unser aller Leben weiter dein Wille geschehen kann. Amen.«

Ein Schlückchen Hoffnung und Humor

Die zehn besten Argumente für den, der beim Büroschlaf ertappt wird:

10. Auf der Blutbank haben sie mir schon gesagt, dass das passieren könnte.

9. Das war so ein Viertelstunden-Energieschlaf, von dem in dem Zeitmanagementkurs, zu dem Sie mich geschickt haben, dauernd die Rede war.

8. O weh! Ich hab wohl vergessen, die Tipp-Ex-Flasche zuzuschrauben. Gut, dass Sie gerade noch rechtzeitig vorbeigekommen sind!

7. Ich hab gar nicht geschlafen! Ich hab über unser Leitbild nachgedacht und versucht, mir ein paar neue Ideen einfallen zu lassen.

6. Ich wollte nur den Tastenwiderstand testen.

5. Das war eine ganz spezielle Yogaübung gegen arbeitsbedingten Stress. Haben Sie aus ideologischen Gründen etwas gegen Leute, die Yoga praktizieren?

4. Wieso haben Sie mich unterbrochen? Beinah hätte ich die Lösung für unsere Probleme gefunden.

3. Die Kaffeemaschine war kaputt.

2. Da hat wohl jemand den koffeinfreien Kaffee in die falsche Dose gefüllt.

1. In Jesu Namen. Amen.

Ich will das Verwundete verbinden und das Schwache stärken. *Hesekiel 34,16*

Fest im Glauben wird man nicht, indem man auf bestimmte Speisen verzichtet. *Hebräer 13,9; Hfa*

Ich bete nicht darum, dass meine Last leichter, sondern dass mein Rücken stärker wird. *Phillip Brooks*

Versuch nie der Dunkelheit zu entkommen, außer wenn Gott es will und wie er es will ... Wenn wir sie zu früh hinter uns lassen, kann es sein, dass Gottes Werk der Gnade in unserem Leben verhindert wird. Übergib ihm die ganze Situation und sei bereit, im Finstern zu bleiben, im Wissen, dass er da ist. Vergiss es nicht, es ist besser, im Dunkeln mit Gott unterwegs zu sein als ohne ihn im Licht.
Stephen Merritt

KAPITEL 10

Zank und Streit

Wes das Herz voll ist, des geht der Mund über.
Matthäus 12,34

Haben Sie sich, wenn Sie Ihr Leben so anschauen, auch schon gefragt: »Ob Gott sich für diese Aufgabe nicht die falsche Person ausgesucht hat?« Manchmal, wenn ich so auf die Trümmer eines Tages zurückblicke – wenn die ganz alltäglichen Anforderungen, plus ein paar mehr, mir alle Kraft geraubt haben, so dass ich mir vorkomme wie eine Steckdose, der man mit einem halben Dutzend Zwischensteckern möglichst viel Energie zu entziehen versucht –, dann bin ich mir ziemlich sicher, dass ich schon von meiner Persönlichkeit her den Dingen gar nicht gewachsen bin.

Eines Nachmittags wollte ich gerade in aller Ruhe das Abendessen vorbereiten, als Jessie und Ben zu streiten anfingen. Da kam es bei mir zum Kurzschluss. Ich zischte mit dem Hackfleisch in der Pfanne um die Wette. Angesichts der deftigen Ausdrücke, die um mich herum gebraucht wurden, schien eine scharfe Soße durchaus angebracht. Ich versuchte mich von den Wortgefechten nicht mitreißen zu lassen. Aber, Mann ... es war schwierig.

»Schluss jetzt!«, befahl ich mit der donnernden Autorität eines Sonderkommandanten. »Schluss, alle beide. Geht in euer Zimmer! Ich will kein Wort mehr hören!«

Kaum etwas nimmt mich mehr mit als Zank unter Kindern. Auch wenn ich nicht selbst in der Schusslinie stehe, kommt es mir oft vor, als würden ihre Geschosse direkt in meinem Magen landen und mich innerlich geradezu zerreißen.

Theoretisch kenne ich mich aus. Ich bin schließlich Therapeutin. Ich weiß, dass Streitigkeiten unter Geschwistern zum normalen Entwicklungsprozess gehören. Wenn man verschiedene Persönlichkeiten in einem Raum miteinander einschließt, dann werden früher oder später die Funken sprühen, und es kommt zur Explosion. Kinder lernen durch die Zankereien, mit den eigenen Gefühlen und mit Unterschieden umzugehen. Mit Konflikten muss man rechnen und oft führen sie zu einem gesünderen, reiferen Umgang mit Problemen. Von der Logik her ist mir das alles klar.

Doch an jenem speziellen Tag und in jenem konkreten Moment war ich mit meiner Logik (von meiner Geduld gar nicht zu reden) ziemlich am Ende. Das kleinliche Gezänk tat mir in den Ohren und in der Seele weh.

Auch die Persönlichkeit spielt hier eine Rolle. Ich bin umgeben von extrovertierten Menschen, die sich offen äußern, wenn sie etwas stört. Als introvertierte Person neige ich dazu, mich zurückzuziehen und nichts zu sagen. Sie lassen den Druck und die Energie raus. Ich schlucke alles herunter. Dabei gibt es natürlich Zeiten, wo ich mir wünsche, sie würden etwas mehr schlucken, und sie sich wünschen, ich würde etwas mehr rauslassen.

Das Ganze trifft mich härter, wenn ich müde bin und nicht mehr viel ertragen kann. Dann kommen die kleinen, hässlichen Gedanken, die mir einflüstern: »In einer gesunden Familie würde so etwas nicht vorkommen.« Zum Glück weiß ich, dass das absurd ist, und muss dann doch lachen. Denn in Wahrheit sind auch intakte Familien nicht frei von Konflikten. Eine gesunde, glückliche Familie geht offen und konstruktiv mit solchen Konflikten um, statt sie zu leugnen, zu unterdrücken oder unkontrolliert herauszulassen.

Als ich meiner Mentorin von meinem Frust erzählte, lehnte sie sich bequem zurück, nahm einen Schluck Kaffee und erzählte mir die Geschichte einer Familie, die sie über zwei Generationen hinweg betreut hatte. Früher hatte sie die Mutter beraten und später, als diese älter war, deren Tochter Lisa. »Lisa wuchs in einer Familie auf, in der Konflikte verboten waren. Die Mutter machte förmlich Überstunden, damit Zankereien nie richtig zum Ausbruch kamen. Wenn es mal zum Krach kam, wurden die Kinder streng bestraft. Sie lernten schon früh, Konflikte unter den Teppich zu kehren.

Lisas Eltern meinten es gut. Sie waren gute, fromme Leute, die sich bemühten, ›Frieden zu halten‹, doch dieser Frieden hatte einen sehr, sehr hohen Preis. Als Lisa dann heiratete und selbst Kinder bekam, kam es zum seelischen Zusammenbruch. Sie war, so traurig es ist, nicht fähig, mit Alltagsproblemen im Umgang mit anderen Menschen fertig zu werden. Weil in ihrer Jugend jeglicher Konflikt unterdrückt wurde, hatte sie nie gelernt, wie sie damit umgehen musste.«

»Du machst deinen Kindern also ein großes Geschenk«, meinte meine Mentorin abschließend, »wenn du ihnen Raum zum Streiten lässt.«

»Oh, der Raum ist kein Problem«, erwiderte ich lachend, »solange es nicht derselbe ist, in dem ich mich gerade aufhalte.«

In den folgenden Tagen dachte ich noch mehr über Konflikte nach – und hatte einige zu schlichten. Und irgendwo zwischen dem Auszählen der Boxkämpfe und den anderen wichtigen Aufgaben des Tages stieß ich auf einen

Vers, der mir half, das Thema in einem neuen Licht zu sehen: »Euch aber lasse der Herr wachsen und immer reicher werden in der Liebe untereinander« (1.Thessalonicher 3,12).

Ich las den Vers mehrmals, und dabei ging mir auf, dass es hier um *Gottes* Fähigkeit geht, unsere Fähigkeit zu lieben so zu stärken, dass sie förmlich überfließt. Und ich fragte mich: Stimmt das auch dann ...

- wenn sich gegensätzliche Standpunkte gegenüberstehen?
- wenn unterschiedliche Charaktere aufeinander treffen?
- wenn frühe Prägungen oder Einflüsse von außen uns festlegen wollen?
- wenn unser Wille zu stark oder zu schwach ist?
- wenn manchmal auch unsere so gut gemeinten Bemühungen, einen Streit zu schlichten, nur vergebliche Mühe sind?

»Herr«, betete ich, »ich möchte gern erleben, wie dieses Wort auch in unserer Familie Wirklichkeit wird. Kannst du in all unseren Verschiedenheiten und Konflikten nicht die Liebe untereinander wachsen und reicher werden lassen, so, wie nur du es kannst, aber so, dass ich etwas davon spüre? Kannst du die Liebe in uns so überströmen lassen, dass sie sich förmlich nach allen Seiten ergießt?«

Wenn wir beten, müssen wir auch mit einer Antwort rechnen.

Und wenn man erleben will, was eine reiche Liebe ausmacht, dann muss man wohl erst einmal wissen, wie sie *nicht* aussieht. Das zu erkennen, hatte ich an einem Nachmittag Gelegenheit. Wir hatten ein paar Leute zum Essen eingeladen und ich begoss gerade auf der Terrasse den Lachs auf dem Grill mit Fett. Aus der Küche hörte ich laute Stimmen. Da braute sich ein Konflikt zusammen.

John hatte etwas gesagt, was Jessie gekränkt hatte, und als ganz normaler Teenager ließ sie ihren Frust heraus. Das Schlimme war, dass sich alle Gäste in der Küche drängten, weil sie auf das Essen warteten.

Jessie stürmte aus der Küche und putzte sich die Tränen ab. John lief hinterher, um die Sache in Ordnung zu bringen. Beide fühlten sich jämmerlich. Wir anderen bemühten uns nach Kräften, die Atmosphäre zu entspannen, aber keiner wusste, was er sagen sollte. Kein günstiger Augenblick für ein Familienbild!

Ich bat jemanden, mir zu helfen, Eis in die Gläser zu tun, und betete dabei: »Also gut, Herr, das ist jetzt so ein Moment, wo wir mehr Liebe brauchen.«

Und tatsächlich hatte der Tag dann auch sein Gutes. John entschuldigte sich für sein gefühlloses Verhalten und bat Jessie um Verzeihung. Sie erholte sich, wusch sich das Gesicht ab und setzte ein Lächeln auf. Zehn Minuten später standen beide wieder bei uns in der Küche. John entschuldigte sich auch bei den Gästen, sie nickten verständnisvoll und wir genossen ein nettes, unbeschwertes Essen.

John lernte sensibler zu sein und auf die Wahl seiner Worte zu achten. Mit Teenagern reden ist eine heikle Angelegenheit. Jessie lernte, Nachsicht zu üben und zu verzeihen. Und sie wird noch viel Gelegenheit zum Üben haben, denn ihre Eltern sind noch lange nicht vollkommen. Die ganze Familie lernte Demut. Nichts kann einen besser von falschem Stolz heilen als ein Streit vor Gästen.

Und ich lernte wieder einmal, dass Gott treu ist und Gebete erhört. Er hatte mein geflüstertes Flehen am Spülbecken gehört und die Schleusen seiner Liebe geöffnet. Die Wirkung ließ sich bei den Gesprächen während unseres Lachsessens beobachten. Mitten in einem peinlichen Konflikt hatte Gott das getan, was er am besten kann.

Was schließe ich daraus? Selbst dann, wenn mir die Aufgabe, meine Familie zu lieben, ein paar Nummern zu groß erscheint, ist Gott der Sache mehr als gewachsen. Hurra!

Ein Schlückchen Hoffnung und Humor

Eine Mutter hatte gerade die Kinder ins Bett gebracht. Nun zog sie eine alte Hose an und eine Schlabberbluse und fing an, sich die Haare zu waschen. Plötzlich hörte sie, dass es bei den Kindern ziemlich lebhaft zuging. Als der Lärm immer heftiger wurde, riss ihr der Geduldsfaden. Sie schlang sich ein Handtuch um den Kopf, stürmte ins Kinderzimmer und befahl allen, sofort wieder ins Bett zu gehen. Als sie hinter sich die Tür schloss, hörte sie, wie die Dreijährige mit zitternder Stimme fragte: »Wer war denn das?«

Alles, was wir charakterlich erreicht haben, haben wir den Schwierigkeiten in unserem Leben zu verdanken.
J. Wallace Hamilton

Jedermann hält Vergebung für einen schönen Gedanken – bis er selbst einem andern vergeben soll. *C. S. Lewis*

Wenn Gott von uns etwas will, dann sorgt er auch dafür, dass wir es tun können. Aber die Gnade, die er dazu schenkt, kommt erst mit der Aufgabe und kann nicht auf

Vorrat erworben werden. Wir sind in jeder Stunde von ihm abhängig, und je deutlicher uns das bewusst ist, desto weniger werden wir in einer Zeit der Krise schwach werden oder versagen. *Louis Cassels*

Seid freundlich und geduldig, gebt andere nicht so schnell auf und dient einander in selbstloser Liebe! Setzt alles daran, dass die Einheit – wie sie der Heilige Geist schenkt – nicht durch Unfrieden zerstört wird.

Epheser 4,2-3; Hfa

KAPITEL 11

Sehnsucht nach mehr

*Deine Ohren werden hinter dir das Wort hören:
»Dies ist der Weg; den geht!
Sonst weder zur Rechten noch zur Linken!«
Jesaja 30,21*

Gretchen umklammerte den Stadtplan in ihrer Hand und kniff die Augen zusammen, damit sie das Straßenschild vorn an der Ecke besser entziffern konnte. Während ihre Mutter in ihrer Handtasche nach den Schlüsseln des Mietautos wühlte, überlegte sie laut: »Haben wir beim Grab des Unbekannten Soldaten geparkt?« Ihre Augen wanderten umher und suchten nach einem bekannten Anblick. Nichts. Sie war noch nie in Philadelphia gewesen. Es wurde allmählich dunkel, die meisten Läden schlossen bereits und ihre Mutter und sie hatten beschlossen, dass es Zeit war, sich auf den Heimweg zu ihrem Bruder zu machen.

Es war ein seltsames Gefühl. Sie wusste nicht, ob man in diesem Stadtteil nachts sicher war. Die beiden Frauen gingen schneller. Gretchens Herz raste. Sie wollte ihre Mutter nicht beunruhigen, deshalb versuchte sie sich nichts anmerken zu lassen. Aber im Innern fragte sie sich: »Wo sind wir hier bloß hingeraten?«

Ein paar Kreuzungen weiter entdeckten sie den Laden, in dem sie vorhin ein paar Cashewnüsse gekauft hatten.

Mit einem Seufzer der Erleichterung verfolgten sie von da den Weg zurück und schließlich fanden sie das Auto.

Als Gretchen auf die Schnellstraße nach New Jersey abbog, ließ sie die Ereignisse des Tages noch einmal an sich vorüberziehen und blieb an jenen Augenblicken hängen, in denen sie gemeint hatte, sie hätten sich endgültig verlaufen. Die Gefühle waren ihr sehr vertraut: das Unbehagen, die Fragen, die Angst, die innere Unruhe, die Erschöpfung angesichts der ständig wiederkehrenden Frage: »Wo bin ich bloß?«

Eine Frage, die fast alle Frauen kennen, und sie ist eher geistlicher als geographischer Natur. Wir wollen wissen, wo wir in Gottes Ordnung unseren Platz haben. Wir wollen wissen, wozu wir bestimmt sind. Solange wir keine Antwort haben, kommt die Frage immer wieder.

»Ich habe ständig das Gefühl, als müsste es irgendwie mehr geben – als würde in meinem Leben irgendetwas fehlen. Aber ich weiß nicht, was«, überlegte Gretchen in meiner Praxis. »Es ist so ein bohrendes Gefühl, dass es einen Weg gibt, den ich gehen sollte, aber ich bin mir nicht sicher, welcher es ist.«

Das Gefühl der Leere wurde manchmal übermächtig. Jahrelang hatte sie Tagebuch geführt und versucht, die tiefe Frustration in Worte zu fassen. Es war wie ein Wind, der sich niemals legt. Er hielt sie nicht davon ab, normal zu funktionieren, aber um einen Drachen steigen zu lassen, dazu reichte er nicht.

Gretchen war Anfang zwanzig, als ihr die Sehnsucht zum ersten Mal bewusst wurde, und stand kurz vor der Heirat. Insgeheim hatte sie gehofft, sie würde mit dem Gang zum Traualtar verschwinden. Sie hatte ihren Mann schon in der Schule kennen gelernt, während des Studiums waren sie befreundet und nun heirateten sie, bevor sie beide in den Beruf einstiegen. Sie waren immer gute

Freunde gewesen und blieben es auch. Und doch empfand sie schreckliche Schuldgefühle, als das unwillkommene Gefühl ein paar Monate nach der Trauung wiederkam. Sie fragte sich: »Wie kann ich mich so fühlen, wo ich doch den besten Mann der Welt habe? Wir haben keine Sorgen, eine gute Stelle, ein schönes Heim und können viel reisen. Was stimmt bloß nicht mit mir?«

Obwohl sie sich nach Kräften bemühte, das Gefühl der Leere zu übergehen, ging es nicht weg. Ablenkung hatte sie genug, und in jeder suchte sie nach Erfüllung. Die Arbeit im Anwaltsbüro hielt sie beschäftigt. Sie liebte ihren Job und erledigte ihn mit Schwung. Daneben besuchte sie Seminare, las gern und viel und war Mitglied in mehreren Vereinen. In der Freizeit widmete sie sich ihren Hobbys. Sie besuchte Kurse, kaufte Material und bestellte Bücher, um ihre Interessen und Fähigkeiten zu fördern, und redete sich bei allem ein, damit müsste sich das Loch in der Seele doch irgendwie stopfen lassen. Und obwohl sie dabei entdeckte, dass sie eine natürliche Begabung für Inneneinrichtung hatte, blieb ihr Herz bedrückt und schwer.

Ein paar Jahre nach der Hochzeit beschlossen Gretchen und ihr Mann, dass es nun an der Zeit sei, eine Familie zu gründen. Auch wenn hinter dem Kinderwunsch nicht direkt dieses Verlangen nach »Mehr« steckte, hoffte Gretchen doch, es würde durch Schwangerschaft und Muttersein verschwinden. Dass die Leere nichts mit ihrer Ehe, ihrem Job oder den Hobbys zu tun hatte, war ihr schon klar geworden. Es blieben nicht mehr viele Möglichkeiten. Kinder würden ihrem Leben sicher eine neue Dimension und Erfüllung bringen. Da sie in einer stabilen Familie aufgewachsen war, freute sie sich darauf, nun selbst Mutter zu werden.

Gretchen bekam einen wunderschönen Sohn und stellte fest, dass ihr die Mutterrolle noch mehr Spaß machte, als sie erwartet hatte. Für den kleinen Jungen zu sorgen schenkte ihr ungeheure Erfüllung, und doch blieb eine gewisse Leere. Ein paar Jahre später kam eine Tochter zur Welt. Eines Abends, als sie die Kleine in den Schlaf wiegte, grübelte Gretchen wieder über ihre Fragen nach und kam zu dem Schluss: »Vielleicht fehlt mir gar nichts. Vielleicht gibt es gar keine Antwort. Womöglich muss ich einfach lernen, mit diesen Gefühlen zu leben.«

Damals schlug der Zorn die ersten Wurzeln aus.

Jeder, der Gretchens Leben betrachtete, hätte angenommen, dass ihr nichts fehle. Sie hatte einen attraktiven, aufmerksamen Mann, zwei Kinder, die sie von Herzen liebte, einen viel versprechenden Beruf, gutes Aussehen, Geld, Intelligenz. Was wollte man mehr? Gretchen wusste es nicht. Viele Nächte weinte sie sich in den Schlaf und fragte: »Warum tue ich mir das an? Was hat diese Sehnsucht zu bedeuten?«

Dabei lebte Gretchen durchaus mit Gott. Aber weil sie meinte, er habe sie schon so überreich gesegnet, wäre es ihr undankbar vorgekommen, wegen dieser Ruhelosigkeit zu ihm zu beten. Auch mit ihren Freundinnen sprach sie nicht darüber, denn die hatten mit ihren eigenen Sorgen genug zu tun. Und in der Familie brachte sie das Thema schon gar nicht zur Sprache. Über Jahre hinweg versuchte sie das Gefühl, das ihr Leben beschnitt, zu verdrängen.

Schließlich hielt sie die Unzufriedenheit nicht mehr aus. Sie ließ sich einen Termin geben und kam in meine Praxis. Sie wollte endlich etwas tun. Während ich ihren präzisen Schilderungen zuhörte, bat ich Gott um Weisheit, um zu erkennen, was sie brauchte. Als sie mit ihrer Geschichte fertig war, sagte ich: »Gretchen, mir scheint, Sie stehen an einem spannenden Wendepunkt.«

Fragend sah sie mich an.

Ich fuhr fort: »Sie haben gesagt, Sie hätten das Gefühl, es müsse doch mehr für Sie geben. Sie spüren, dass da etwas fehlt, obwohl es in Ihren Beziehungen oder Ihren verschiedenen Aufgaben ganz offensichtlich keine Probleme gibt. Ihr Leben verläuft gut, in jeder Beziehung, außer, dass da dieses vage Gefühl der Leere ist.«

»Ja, genau«, erwiderte sie.

»Könnte es sein, dass Gott durch dieses Gefühl der Unzufriedenheit Ihre Aufmerksamkeit gewinnen möchte?«, fragte ich. »Haben Sie Gott schon einmal gefragt, wie er Sie gebrauchen will, um diese Welt zu verändern?«

Einen Augenblick war sie still. »Nein«, entgegnete sie dann. »Ich glaube nicht.«

Ich konfrontierte sie mit einem Satz, auf den ich im College gestoßen war. A. H. Maslow, ein Vertreter der Existenzialpsychologie, hat einmal geschrieben: »Jeder Mensch muss in seinem Leben die Aufgabe finden, die Gott für ihn bestimmt hat.« Er hat das einfach als Grundprinzip für die seelische Gesundheit formuliert. Aber der Gedanke stimmt mit der Bibel überein. Gott hat für jeden von uns einen ganz bestimmten Plan.

Manche Frauen meinen, was uns im Leben widerfährt, sei letzlich alles nur Zufall, als sei da irgendein kosmischer Würfelspieler am Werk. Aber das war bei Gretchen nicht der Fall. Sie glaubte an Gott. Sie glaubte, dass er sie liebte und Tag für Tag in ihrem Leben führte. Sie war dankbar für die Gaben und Talente, mit denen er sie gesegnet hatte. Sie hatte nur nie so weit gedacht, dass er sie vielleicht gebrauchen wollte und einen speziellen Plan für sie hatte.

Sie bemühte sich nach Kräften, mit den Dingen, die Gott ihr geschenkt hatte, verantwortungsvoll umzugehen. Ausgehend von ihren naturgegebenen Talenten und Interessen hatte sie ganz bewusst ihr Leben geplant. Bei allem, was sie tat, wollte sie ihr Bestes geben und dabei wahrhaftig bleiben. Aber sie hatte nicht nach Gott und seinem Plan gefragt und darüber nachgedacht, was er wohl im Sinn hatte, als er sie schuf. Ich erklärte ihr, dass Gott in seinem Plan für sie ganz sicher die Gaben, die er ihr geschenkt hatte, einbeziehen würde, und dass seine Aufgaben ihr viel mehr Erfüllung und Sinn geben könnten, als sie durch ihr eigenes Bemühen je erleben würde.

Ich kann mich noch gut erinnern, was für ein Aha-Erlebnis es für mich war, als mir selbst diese Erkenntnis aufging. Ich war, wie Gretchen, Anfang zwanzig, als ich über diese Fragen nachdachte und mir die Worte des Apostels Paulus wichtig wurden: »Denn wir sind sein Werk, geschaffen in Christus Jesus zu guten Werken, die Gott zuvor bereitet hat, dass wir darin wandeln sollen« (Epheser 2,10) und: »Denn Gott ist's, der in euch wirkt beides, das Wollen und das Vollbringen, nach seinem Wohlgefallen« (Philipper 2,13).

Ich bin überzeugt, dass wir Frauen offen für Gott sein müssen, wenn wir ein tiefes, reiches, sinnvolles Leben führen wollen. Tag für Tag müssen wir fragen: »Herr, wie willst du mich heute gebrauchen, in meinem kleinen Umfeld, mit den Gaben und Fähigkeiten, die du mir gegeben hast? Bitte zeige mir, wie ich an deinem Plan mitwirken kann, und führe du durch mich die guten Werke aus, die du für mich geplant hast.«

Als Gretchen eine Woche später wieder in die Praxis kam, setzten wir das Gespräch dort fort, wo wir beim letzten Mal aufgehört hatten. Ich merkte bald, dass Gottes Geist am Werk gewesen war. Sie hatte inzwischen mehr Antworten bekommen, als sie verarbeiten konnte.

Am Sonntag war sie wie üblich mit ihrem Mann in den Gottesdienst gegangen. An jenem Sonntag aber war es, als hätte der Pfarrer in ihrem Tagebuch, ja, in ihren Gedanken gelesen. Er sagte in seiner Predigt, Gott wolle von jedem

Einzelnen, dass er seine Umgebung verändere. Gretchen saß da mit Tränen in den Augen und freute sich, dass Gott so deutlich zu ihr sprach.

Im Lauf der Woche schien der Gedanke, den Auftrag Gottes zu entdecken, von allen Seiten auf sie einzustürmen. Eine Freundin rief an, und irgendwie kam sie im Gespräch darauf, Gretchen sollte doch einmal darüber nachdenken, was Gott mit ihrem Leben vorhatte. Als Gretchen in der Bibel las, da sprang ihr förmlich ein Vers entgegen, der dasselbe sagte. Paulus schrieb: »Ich setze alles daran, das Ziel zu erreichen, damit der Siegespreis einmal mir gehört, wie ich jetzt schon zu Christus gehöre« (Philipper 3,12; Hfa).

Gretchen traf sich mit ihrem Pfarrer, um über ihre neusten Erkenntnisse zu sprechen. Er versicherte ihr, dass Gott ihr seinen Plan schon offenbaren würde, wenn sie nur geduldig wartete und aufmerksam hinhörte. Das tat sie auch. Dann begann Gott ihr Dinge über sie selbst zu zeigen, die ihr noch nie klar gewesen waren. Sie spürte plötzlich den Wunsch, anderen Frauen zu helfen. Sie sprudelte nur so vor Ideen. In ihrer Gemeinde gab es keine speziellen Veranstaltungen für Frauen. Also ging sie wieder zu ihrem Pfarrer und besprach mit ihm, welche Möglichkeiten es gab. Er hatte schon lange dafür gebetet, dass sich jemand finden würde, um eine Frauenarbeit anzufangen.

Das war die Bestätigung, die Gretchen noch brauchte.

Ein Jahr später organisierte Gretchen Frauenfreizeiten und leitete eine Frauenbibelgruppe. Sie hatte so etwas noch nie gemacht, doch wenn man ihr zusieht, kann man meinen, sie sei ein alter Profi. Und sie strahlt vor Freude, dass sie den Platz gefunden hat, den Gott ihr zugedacht hat.

Sie bittet Gott nicht mehr zu segnen, was sie tut, sondern ihr zu zeigen, was sie tun soll – und geht davon aus, dass darauf auch sein Segen liegt. Das tut sie zu Hause als Ehefrau und Mutter, in ihrem Beruf im Anwaltsbüro und überall da, wo sie sich sonst noch engagiert.

Auch Sie können Erfüllung erleben im vollkommenen Plan, den Gott für Ihr Leben hat. Wussten Sie, dass er Sie ganz besonders gemacht und Ihnen Aufgaben zugedacht hat, die nur Sie erfüllen können? Wussten Sie, dass er für Sie ganz persönlich eine Karte gezeichnet hat, damit Sie sich nie mehr verirren müssen?

Bitten Sie ihn, Ihnen seinen Weg zu zeigen.

Ein Schlückchen Hoffnung und Humor

Ein älteres Ehepaar saß auf der Veranda in der Hollywoodschaukel, beobachtete den Sonnenuntergang und erholte sich von der Arbeit des Tages. Nur hin und wieder unterbrachen sie das Schweigen mit Erinnerungen an die »gute alte Zeit«.

Großmama wandte sich an Großpapa und sagte: »Schatz, weißt du noch, wie wir das erste Mal miteinander ausgegangen sind und du wie zufällig nach meiner Hand gefasst hast?«

Großpapa sah sie an, lächelte und griff zuvorkommend nach ihrer Hand.

Mit einem schiefen Lächeln wagte Großmama sich etwas weiter vor. »Schatz, weißt du noch, wie du dich in der Verlobungszeit manchmal zu mir gebeugt und mich ganz überraschend auf die Wange geküsst hast?«

Großpapa beugte sich zu Großmama hinüber und hauchte einen flüchtigen Kuss auf ihre weiche, faltige Wange.

Nun schon etwas kühner geworden, meinte Großmama: »Und weißt du noch, Schatz, wie du, als wir dann verheiratet waren, manchmal an meinem Ohr geknabbert hast?«

Langsam erhob sich Großpapa aus der Schaukel und schlurfte zur Tür.

Erschrocken fragte Großmama: »Schatz, wo gehst du hin?«

»Das Gebiss holen!«

***

Männer sind aus Erde. Frauen sind aus Erde. Mach was draus. *George Carlin*

Die durchschnittliche Lebenserwartung einer Frau nimmt ständig zu, so dass sie jetzt viel länger 29 bleiben kann.

Wer Gott die Entscheidung überlässt, dem gibt er immer nur das Beste. *Hudson Taylor*

Mit seinen Gaben beschämt Gott alle Träume des Menschen. *Elizabeth Browning*

KAPITEL 12

Fliegen im Kaffee

Alles, was ihr tut, das tut von Herzen als dem Herrn und nicht den Menschen, denn ihr wisst, dass ihr von dem Herrn als Lohn das Erbe empfangen werdet. Ihr dient dem Herrn Jesus Christus.
Kolosser 3,23-24

Cynthias Frage traf mich völlig unvorbereitet. Nachdem sie eine lange Liste hässlicher Bemerkungen heruntergerasselt hatte, die ein Familienglied über sie gemacht hatte, holte sie tief Luft und fragte: »Wie gehen Sie denn mit Menschen um, die Ihnen wehtun?«

»Hm, das hängt wahrscheinlich von den Umständen ab«, erwiderte ich.

»Na, da habe ich ein Beispiel. Vor kurzem habe ich einer Frau Ihr Buch *Engel hinter dem Schaukelstuhl* gezeigt. Als ich ihr von einem meiner Lieblingskapitel erzählen wollte, unterbrach sie mich grinsend, schüttelte verächtlich den Kopf und meinte: ›Ich weiß nicht, wieso Pam ein Buch über Problemkinder schreibt. Sie kennt sich da doch gar nicht aus.‹«

Ziemlich verblüfft überlegte ich, wie ich den Ball möglichst geschickt auffangen konnte. Aus Cynthias Stimme und ihrem durchdringenden Blick konnte ich ablesen, dass sie wirklich eine ehrliche Antwort wollte.

Hinter ihrer Frage steckte mehr als nur die allgemeine Neugier, zu erfahren, wie ich mit solchen Dingen fertig werde. Sie wollte wissen, wie sie mit ihren eigenen Problemen umgehen konnte. Jahrelang hatte sie den giftigen Spott einer krittelnden Mutter und einer geradezu perfekten Zwillingsschwester erduldet. Egal, was sie tat, in den Augen der beiden war es nie gut genug. Es spielte keine Rolle, ob sie sich für ihren Mann aufopferte. Es spielte keine Rolle, ob sie von den Kindern zur »Mutter des Jahres« gekürt wurde. Ständig erhielt sie Tipps, wie sie es besser machen konnte. Nach Jahren ständiger Herabsetzung wollte sie nun etwas hören, was sie mit nach Hause nehmen konnte.

Dabei sollten Sie vielleicht noch etwas über Cynthia wissen. Sie hat gewissermaßen einen eingebauten Geigerzähler, mit dem sie jede Heuchelei registriert. Sie hat keinen Nerv für Plattitüden und sucht immer nach der Wahrheit. Oberflächlichkeiten schnippt sie fort wie eine Fliege.

Ich nahm noch einen Schluck Kaffee und sagte: »Nun, solche Bemerkungen tun nie gut. Ich höre es lieber, wenn meine Bücher den Leuten gefallen.« Ihre Frage hatte aber eine Erinnerung hervorgerufen, von der ich ihr erzählen wollte. Ich langte nach meinem Gebetstagebuch und begann.

Vor mehreren Jahren hatte mich eine scharfe Bemerkung ziemlich fertig gemacht. Die Worte waren fromm verkleidet, damit sie nach »konstruktiver Kritik« klangen. Aber sie waren in keiner Weise nützlich oder hilfreich. Es waren vage, nichts sagende Verallgemeinerungen, die sich als Tatsache tarnten. Mit einem Wort, ich war getroffen.

Meine Reaktion? Zunächst sagte ich gar nichts, aber ich muss gestehen, dass es mir nicht leicht fiel, die Sache abzuschütteln. Das kurze Gespräch nagte noch Tage später an mir. Ich grübelte, ließ es fallen und fing dann wieder an zu grübeln. Es ist erstaunlich, wie eine einzige negative Bemerkung, wenn wir es zulassen, hundert positive Worte zunichte machen kann.

Die hässlichen, quälenden Worte trieben mich zu meinem himmlischen Vater, um mir bei ihm Trost und Einsicht zu holen. Ich erzählte Cynthia, wie ich nach drei Tagen des Grübelns beschloss, nun sei es genug. Ich brachte die Kinder zu Bett, betete mit ihnen und machte es mir dann, noch immer entnervt, mit meiner Bibel und meinem Gebetstagebuch in einem Sessel bequem. Es passte mir nicht, dass die spitze Bemerkung eines anderen Menschen es geschafft hatte, mir den Teppich unter den Füßen wegzuziehen und mein Vertrauen total zu zerstören.

Darum betete ich. Ich bat Gott um Weisheit und ging die Sache dann noch einmal durch. In mein Tagebuch schrieb ich Folgendes:

Herr, alles, was ich habe, ist von dir. Mein Mann. Meine Kinder. Meine Gabe zu schreiben. Mein Reden. Die Beratungspraxis. Es ist alles deins. Und im Grunde will ich nur dir, und dir allein, gefallen. Ich möchte mein Leben nur für einen Zuschauer führen.

Es wird der Tag kommen, an dem ich über alles, was ich in diesem Leben getan habe, vor dir Rechenschaft ablegen muss.

Wenn ich vor dir stehe, wird man mich nicht bitten, für das Leben meines Mannes Rechenschaft abzulegen.

Auch nicht für meine Kinder.

Auch nicht für meine Freunde … oder die Worte desjenigen, der mich kritisiert hat.

An dem Tag, an dem ich dir von Angesicht zu Angesicht gegenüberstehe, wirst du mir in die Augen sehen und *mich* nach *mir* fragen. Punkt.

An jenem Abend fragte ich mich selbst: »Denkst du, du hast getan, was Gott von dir will?« Ich konnte ehrlich mit Ja antworten. Und das war alles, worauf es ankam.

Cynthia dachte über das nach, was ich gesagt hatte. Ich schloss mein Tagebuch, langte nach der Kaffeetasse und dachte daran, wie diese Gedanken meinem bekümmerten Herzen damals Frieden gebracht hatten. »Ahh«, meinte Cynthia und trank den letzten Schluck aus ihrem Becher. »Wenn ich für Gott mein Bestes gebe, dann ist das gut genug.«

»Genau«, sagte ich und freute mich, dass sie es begriffen hatte. »An diesem Punkt fängt es an, dass wir uns von der Missbilligung der andern freimachen können.«

Einige Zeit nach diesem Gespräch schlug ich einen Bibeltext auf, den ich schon oft gelesen hatte. Der Apostel Paulus, der sich von den Menschen, die ihn kritisierten, oft alles Mögliche anhören musste, stellte sich selbst eine Frage, die meiner recht ähnlich ist: »Rede ich so, wie die Menschen es hören wollen, oder geht es mir darum, Gott zu gefallen? Erwarte ich, dass die Menschen mir Beifall klatschen? Dann würde ich nicht länger Christus dienen.« (Galater 1,10; Hfa)

Die Schlichtheit von Paulus' Worten faszinierte mich auch diesmal wieder. Den Menschen gefallen und Gott dienen, das kann sich in bestimmten Situationen ausschließen. Wenn wir mit ganzem Herzen Gottes Plan in unserem Leben folgen wollen, dann wird es Leute geben, die mit uns nicht zufrieden sind. Es wird solche geben, denen nicht gefällt, was wir tun oder wie wir es tun. Sie mögen nicht, was wir sagen oder wie wir aussehen. Sie haben ziemlich klare Ansichten darüber, was wir tun oder lassen sollten.

Es wird Verurteilungen geben.

Es wird Auseinandersetzungen geben.

Es wird Demütigungen geben.

Und wenn diese Momente kommen, dann müssen wir darauf achten, dass wir so reagieren, wie es Gott gefällt. Wir dürfen uns nicht in kleinliche Reaktionen hineinziehen lassen. Wir müssen unsere Antwort überlegen und es Gott überlassen, die Dinge richtig zu stellen.

Paulus schrieb auch: »So wird nun jeder von uns für sich selbst Gott Rechenschaft geben. Darum lasst uns nicht mehr einer den andern richten; sondern *richtet vielmehr darauf euren Sinn*, dass niemand seinem Bruder einen Anstoß oder Ärgernis bereite.« (Römer 14,12-13)

Hmm. Klingt wie eine gute Alternative. Aber auch wie eine ziemlich große Herausforderung – mich nämlich um meine eigenen und um Gottes Angelegenheiten zu kümmern. Das gefällt ihm und macht mich – und Sie – frei.

Ich habe noch etwas festgestellt. Je mehr ich mir die Verheißungen von Gottes Güte und Gnade ins Gedächtnis rufe, desto weniger habe ich das Bedürfnis, mich selbst zu verteidigen, wenn die Nörgler das Feuer eröffnen. Wenn ich nur für Einen lebe, reagiere ich auf verletzende Bemerkungen nicht so hitzig, meine Gefühle kochen nicht hoch und ich muss dem anderen die Hölle nicht heiß machen.

Wenn Sie das nächste Mal von einem Stachel oder einem surrenden Pfeil getroffen werden, dann denken Sie daran, dass es nur Einen gibt, dem Sie gefallen müssen. Richten Sie sich nach ihm aus, treten Sie hinter den großen Schild des Glaubens, und überlassen Sie die Verteidigung seinen geübten Händen. Er weiß am besten, wie er mit den lästigen Fliegen fertig werden kann, die in Ihrer Tasse landen.

Ein Schlückchen Hoffnung und Humor

Ein Polizist saß am Rand einer Schnellstraße und führte eine Geschwindigkeitskontrolle durch, als ihm auf einmal ein Auto auffiel, das mit dreißig Stundenkilometern angetuckert kam. »Das ist genauso gefährlich wie ein Raser!«, dachte er, schaltete sein Blinklicht ein und winkte den Fahrer an den Straßenrand.

Als er sich dem Auto näherte, sah er, dass fünf ältere Frauen darin saßen – zwei vorn und drei hinten –, alle mit weit aufgerissenen Augen und blass wie die Gespenster. Die Fahrerin wirkte ziemlich überrascht. »Hören Sie«, begann sie. »Ich verstehe das nicht. Ich bin genauso schnell gefahren wie erlaubt! Was ist los?«

»Gnädige Frau«, erwiderte der Polizist, »Sie sind nicht zu schnell gefahren. Aber Sie sollten wissen, dass es für die anderen Verkehrsteilnehmer genauso gefährlich sein kann, wenn man langsamer fährt als erlaubt.«

»Langsamer? Aber nein, ich bin doch genauso schnell gefahren wie angegeben – dreißig Kilometer in der Stunde!«, erwiderte die alte Frau nicht ohne Stolz.

Der Polizist bemühte sich, einen Lachanfall zu unterdrücken, und erklärte ihr dann, dass 30 die Nummer der Schnellstraße war und nicht die Tempoangabe.

Die Frau lächelte etwas verlegen und bedankte sich bei dem Mann, dass er sie auf den Irrtum aufmerksam gemacht hatte.

»Aber ehe ich Sie weiterfahren lasse, gnädige Frau, muss ich doch noch fragen: Ist mit Ihnen hier im Wagen alles in Ordnung? Ihre Beifahrerinnen sehen ziemlich mitgenommen aus und haben die ganze Zeit nicht einen Ton von sich gegeben.«

»Ach, denen wird es gleich wieder besser gehen. Wir kommen gerade von der B 200.«

Ein Zyniker ist ein Mann, der nach einem Sarg sucht, wenn er Blumen riecht. *H. L. Mencken*

Auf die hässlichen Dinge, die andere sagen, habe ich keinen Einfluss. Aber wenn ich bewusst für den Einen lebe, der mich immer sieht, dann kann mir das helfen, sie nicht so wichtig zu nehmen.

Wer nur Applaus von außen sucht, macht sein ganzes Glück von anderen abhängig.

Was du nicht mit deinen Augen siehst, solltest du auch nicht mit dem Mund erfinden. *Jüdisches Sprichwort*

KAPITEL 13

Zu Höherem bestimmt

Ein Gefäß zu ehrenvollem Gebrauch, geheiligt, für den Hausherrn brauchbar und zu allem guten Werk bereitet.
2. Timotheus 2,21

Seit mein Buch *Engel hinter dem Schaukelstuhl* herauskam, habe ich von Familien aus dem ganzen Land Post erhalten. Und ich habe gelacht und geweint über die Geschichten, die sie mir erzählten. Karen aus New Jersey berichtete von ihrer Tochter Patty, die das Down-Syndrom hat. Patty ist jetzt sechs Jahre und Karen und ihr Mann witzeln manchmal, dass Gott wohl eine Hochleistungsbatterie in sie eingepflanzt hat. Der kleine Hitzkopf ist vom Morgen bis zum Abend voll in Aktion und wird nie müde. Genau wie unser kleiner Nathan ist Patty schnell wie der Blitz und ein gewiefter Ausreißer. Ihre Eltern sagen mit einem Anflug von Ironie, dass Pattys zusätzliches Chromosom wohl mit Dickköpfigkeit bepackt ist.

Mann, das kam mir so bekannt vor! Dasselbe habe ich bei Nathan festgestellt. Er ist eine interessante Mischung aus Härte und Zartheit. Er ist eigenwillig und einfühlsam, stark und zerbrechlich. In der einen Minute ist er der glücklichste, zärtlichste kleine Kerl, den es gibt. In der nächsten bekommt er einen Wutanfall, will seinen Willen durchsetzen und ist nicht bereit, sich irgendwelchen Erziehungsmaßnahmen zu beugen, die eigentlich »funktionieren« sollten.

Dummerweise stelle ich dieselben Züge auch bei mir fest. Ich wünschte, ich könnte sagen, ich würde immer begeistert auf Gott eingehen. Ich wünschte, ich könnte sagen, dass ich ihm immer vertraue – dass ich nie diskutiere, widerspreche oder meinen eigenen Willen durchsetzen will. Manchmal merke ich, dass ich mich Gott gegenüber genauso verhalte, wie ich es mir von meinen eigenen Kindern nicht wünsche.

Mir fällt da ein Abend ein, an dem ich Nathan in den Schlaf wiegte. In meiner Seele war es so schwarz wie die Nacht draußen. Es war kurz vor Nathans sechstem Geburtstag, und Geburtstage lösen bei mir nicht nur Freude, sondern auch Trauer aus, selbst wenn ich versuche, mich auf das Feiern zu konzentrieren. Wir haben so viel, wofür wir dankbar sein können. An jenem Abend aber war ich wohl gerade ziemlich fix und fertig, denn meine übliche Haltung der Dankbarkeit war mir abhanden gekommen. Ich befand mich mitten in einem Machtkampf mit Gott.

Ich wollte nicht, dass Nathan geistig zurückgeblieben war. Er sollte »normal« sein.

Ich wollte nicht, dass Nathan stumm war. Ich wollte hören, was er dachte und fühlte.

Ich wollte nicht, dass Nathan in Schule und Gemeinde besondere Hilfe brauchte. Er sollte selbstständig und unabhängig sein wie Jessie und Ben.

Ich wollte keine Windeln mehr wechseln! Sechs Jahre waren genug.

Ich hatte das alles schon früher durchgemacht, diesen Kampf mit der Kluft zwischen Ideal und Wirklichkeit. »Wie soll ich denn eine fröhliche Geburtstagsfeier für Nathan auf die Beine stellen«, fragte ich mich, »wenn ich

mir selbst im höchsten Maße bedauernswert vorkomme?«
Die Tränen flossen und ich wiegte Nathan ziemlich lange –
mehr um meinet- als um seinetwillen.

In jenen stillen Momenten ging mir jedoch ganz unver-
hofft etwas auf. Ich hatte das Gefühl, als sage Gott zu mir:
»Pam, ich gebe dir immer das Beste, was ich habe.« Die
Erkenntnis ging mir durch und durch. Ich weinte. Gott
hatte meinen eigenen stolzen, dickköpfigen Willen ans
Licht geholt.

Ich wollte, was ich wollte und wann ich es wollte. Und
ich war unglücklich, weil ich meinen Willen nicht bekam.
Wenn ich jetzt zurückblicke, muss ich sagen, dass ich wohl
wirklich meinte, ich wüsste selbst am besten, was für Nathan und den Rest der Familie gut und richtig war. Und ein
Down-Syndrom gehörte nun einmal nicht dazu.

Ich kenne andere Frauen, die auch Schwierigkeiten haben, die schweren Dinge des Lebens anzunehmen …

Debbie, deren Mann beschloss, dass er nicht mehr mit
ihr verheiratet sein wollte, und mit einer jüngeren Frau
davonzog.

Trish, der kurz nach dem ersten Geburtstag ihrer Tochter mitgeteilt wurde, dass ihr Kind tatsächlich blind war.

Miriam, die bei der Beförderung übergangen wurde,
weil sie im Geschäft nicht alles mitmachte.

Kathrin, die seit Jahren gegen Krebs kämpft.

Diana, die seit über zehn Jahren nichts mehr von ihrem
Sohn gehört hat.

Mary, die ihren Mann im relativ jungen Alter von
zweiundvierzig Jahren durch einen Herzinfarkt verlor.

Wenn wir erkennen, dass wir »das nicht wollten«, dann
ruft das bei uns allen Trauer hervor, egal wie die äußeren
Umstände aussehen. Aber niemand bekommt immer, was
er sich wünscht. Wenn uns das aufgeht, dann haben wir die
Wahl. Wir können uns verhalten wie gereizte Kinder. Wir

können streiten, uns sträuben, die Türen knallen, trotzen und schmollen. Oder wir können die Dinge, zu Recht, betrauern, uns dann aber Gott, unserem Herrn, zuwenden und unseren Glauben auf seinen größeren und besseren Plan konzentrieren. Wir können die Fäuste ballen und herausfordernd schütteln oder wir können die Hände bereitwillig öffnen und Gott bitten zu nehmen, was wir ihm bringen, und uns dafür sein Bestes zu geben.

Ein Abschnitt im Propheten Jeremia hat mir geholfen, meinen Eigenwillen ganz objektiv zu erkennen:

> Dies ist das Wort, das geschah vom Herrn zu Jeremia: Mach dich auf und geh hinab in des Töpfers Haus, und siehe, er arbeitete eben auf der Scheibe. Und der Topf, den er aus dem Ton machte, missriet ihm unter den Händen. Da machte er einen andern Topf daraus, wie es ihm gefiel.
>
> Da geschah des Herrn Wort zu mir: Kann ich nicht ebenso mit euch umgehen, ihr vom Hause Israel, wie dieser Töpfer?, spricht der Herr. Siehe, wie der Ton in des Töpfers Hand, so seid auch ihr vom Hause Israel in meiner Hand. (Jeremia 18,1-6)

Als ich den Abschnitt las, ging mir auf, dass ein großer Teil meiner Probleme da herrührte, dass ich gegen Nathans Behinderung aufbegehrte. Aber ist Ihnen schon einmal aufgefallen, dass wir mit unserem Widerstand gegen die Dinge überhaupt nichts ändern? Was ist, das ist. Der Kampf gegen die Wirklichkeit führt zu nichts. Doch Jeremia gibt uns eine Perspektive. Wir sind in des Töpfers Hand. Wir dürfen glauben, dass Gott uns sein Bestes geben will, ganz egal, wo wir in diesem Moment mit unserem Leben stehen. Den eigenen Widerstand erkennen ist der erste Schritt, um ihn zu überwinden. Er kann uns dazu führen, die Dinge anzunehmen, wenn wir es zulassen. Zu unterscheiden zwischen den Problemen, die wir lösen können, und den Tatsachen, die wir akzeptieren müssen, ist ganz wesentlich für unseren Seelenfrieden.

Wenn ich etwas objektiver bin, dann kann ich sehen, dass ein großer Teil meiner Rebellion aus Angst geboren ist. Und Angst ist ein Feind, dem wir nicht trauen sollten. Sie macht mich blind für die Tatsache, dass Gott genügt und dass er sich um mich kümmert, egal, was mir widerfährt.

In dieser Welt geschehen schwere Dinge. Wir beten. Wir warten. Wir hören. Wir reden. Und selbst dann bleibt alles oft recht unklar und ist nur schwer zu verstehen. Niemand hat uns davor gewarnt, dass dieser Abschnitt unseres Weges so finster sein würde. So steinig. So steil. So zermürbend.

Doch wenn wir in der Hand des Töpfers bleiben, dann dürfen wir darauf vertrauen, dass Gott tatsächlich dabei ist, uns zu formen, auch wenn wir mitten im Leid stecken, verwirrt und bedrückt sind. Wozu? Zu dem, was Paulus seinen »ehrenvollen Gebrauch« nannte. Im reinen Glauben können wir ruhen, weil wir wissen, dass sein Plan gut ist. Seine Bewegungen sind präzis. Seine Richtung hat ein Ziel. Wir werden verändert. Geheilt. Wieder aufgebaut und umgeformt in sein Bild. Er ist am Werk. Er formt. Er knetet. Er entfernt den Schmutz und läutert uns wie Gold. Unsere Aufgabe ist es, in seinen starken, zarten Händen formbar zu bleiben.

Wir dürfen ganz sicher sein, dass Gott sich auch um die Dinge kümmert, die uns am Herzen liegen. Irgendwann werden wir mehr Klarheit bekommen. Er kann tatsächlich dafür sorgen, dass uns alle Dinge zum Besten dienen – sogar die eigenartigen, unbeabsichtigten Situationen, die uns die Sicht zu nehmen scheinen.

Wir dürfen darauf vertrauen, dass wir später, vielleicht in vielen Jahren, wenn wir auf unsere heutigen Probleme zurückblicken, erkennen werden, wie Gott sie gebraucht hat, um uns in ein ehrenvolles Gefäß zu formen. Selbst unsere schlimmsten Fehler können zu einem Sprungbrett werden, das uns unserer göttlichen Bestimmung zuführt.

In jener finsteren Nacht, als ich Nathan in den Schlaf wiegte, erkannte ich es als meine göttliche Bestimmung, einen heiligen Tausch vorzunehmen: meinen Kummer und meine Forderungen gegen Gottes Zusicherung, dass der Töpfer am Werk ist. Ich sollte weniger kindisch und dafür kindlicher werden – wie Nathan, der entspannt im Arm seiner Mutter schlief, voll Vertrauen, dass alles in Ordnung war. Ich musste mich daran erinnern, dass Gott ein Künstler ist und dass er nur Meisterwerke schafft.

Ein Schlückchen Hoffnung und Humor

Sie sind zum Opfer des weiblichen Erschöpfungssyndroms geworden, wenn ...

 Sie sich fragen, ob man den Kaffee wirklich filtern muss, bevor man ihn trinken kann.

 Sie die Bedienung in Ihrem Lieblingscafé fragen, ob Sie Ihren doppelten Espresso mitnehmen dürfen.

 Sie sich außer von Kaffee nur noch von Schokolade ernähren.

 Ihre Familie Sie zusammengekrümmt wie einen Embryo auf dem Küchenboden findet, weil Sie festgestellt haben, dass die Kaffeemaschine nicht funktioniert.

 Sie ständig rufen: »Lasst mich in Ruhe!«, obwohl gar niemand in der Nähe ist.

Zehn Dinge, die die Männer bei Frauen am besten verstehen:
  10.
   9.
   8.
   7.
   6.

5.
4.
3.
2.
1.

Glaube heißt, dass eine Macht, die größer ist als wir, uns ergreift, eine Macht, die uns schüttelt und umkehrt, verändert und heilt. Sich dieser Macht auszuliefern, das ist Glaube.
Paul Tillich

Hochmut ist nichts anderes als geistlicher Krebs: Er zerstört den letzten Keim von Liebe, von Zufriedenheit und sogar von gesundem Menschenverstand. *C. S. Lewis*

Lebe in der Nähe Gottes, dann wird dir im Vergleich mit der göttlichen Wirklichkeit alles andere sehr klein erscheinen. *Robert McCheyne*

Wer sich an sein Leben klammert, der wird es endgültig verlieren. Wer es aber für mich einsetzt, der wird ewig leben.
Matthäus 10,39; Hfa

KAPITEL 14

Am Ende der Weisheit

Mit ihrer Weisheit waren sie am Ende. In auswegloser Lage schrien sie zum Herrn, und er rettete sie aus ihrer Not. Psalm 107,27-28; Hfa

Selbstmord. Akt der absoluten Resignation. Ein letztes Winken mit der weißen Fahne. Das scheinbare Ende von Enttäuschung und Versagen – außer für die Hinterbliebenen.

Judy wusste, dass der Mann, mit dem sie einunddreißig Jahre verheiratet war, Probleme hatte. Bert war begabt und talentiert, im Beruf erfolgreich. Für seine hervorragenden Leistungen hatte er schon manche Belobigung erhalten. Briefe und Urkunden säumten die Wände und zeugten von seinen außergewöhnlichen Führungsfähigkeiten. Doch seine so überaus erfolgreich verlaufene Karriere fand ein abruptes Ende, als seine Firma sich verkleinerte.

Enttäuschung mischte sich mit Angst, als Bert sich um eine neue Stelle bewarb und miterleben musste, wie ein jüngerer Mann vorgezogen wurde.

Die erste Bekanntschaft mit der Arbeitslosigkeit wurde erschwert von einer lange geleugneten und nicht behandelten Depression.

Als er eine neue Stelle fand, hatte ihn die Krankheit so im Griff, dass er kaum mehr funktionieren konnte.

Die Monate vergingen und Judy sah zu, wie ihr starker, verlässlicher Mann unter der Last immer mehr nachgab.

Sechs Wochen nach dem Antritt der neuen Stelle beging Bert einen Selbstmordversuch. Die Ärzte griffen ein und verordneten eine Behandlung. Mit Hilfe von Medikamenten, Therapie und Gebet schien es besser zu werden. Das Paar zog um und Bert fand eine weniger anspruchsvolle Stelle.

Ein paar Monate später kamen die Symptome jedoch zurück. Bert gab zu, dass der Gedanke an Selbstmord ihn noch immer verfolgte. Judy ging mit ihm zu einem anderen Arzt und sie probierten viele neue Medikamente aus. Aber Judy machte sich Sorgen. Der Doktor wechselte die Arzneien oft sehr unvermittelt und schien sich auch nicht besonders mit Berts Problemen auseinander zu setzen. Schlimmer noch, jedes Medikament hatte heftige Nebenwirkungen, die die Verzweiflung nur noch größer machten. Nach vierzehn Monaten zähen Ringens gab Bert den Kampf auf und brachte sich um. In einem Abschiedsbrief schrieb er, er glaube, was er tue, sei das Beste.

Die Worte des Pastors an Berts Beerdigung waren trotz des herzzerreißenden Kummers Balsam auf Judys Seele: »Unser Freund ist auf seinem eigenen Schlachtfeld gestorben. Er ist im Kampf gefallen, in einem Bürgerkrieg. Er hat gegen Gegner gekämpft, die für ihn so real waren, wie es für uns jetzt sein Sarg ist. Es waren mächtige Gegner. Sie haben an seiner Kraft und Ausdauer gezehrt. Sie haben ihm den letzten Mut geraubt, und nur Gott weiß, wie viel sein Kind bei den stillen Scharmützeln, die sich in seiner Seele abspielten, gelitten hat.«

Trotzdem fand Judy sich in einem Meer von Selbstvorwürfen wieder. Quälende Gedanken bombardierten sie immer wieder: »Wenn ich ihm nur eine bessere Frau gewesen wäre ... wenn ich einfühlsamer gewesen wäre ... ihn mehr unterstützt hätte ... mehr auf ihn eingegangen wäre ... mich beim Arzt besser durchgesetzt hätte ... dann wäre das nie passiert.« Das waren die Konflikte, die sie in ihrem Inneren austrug. Die äußeren Probleme waren genauso real.

Judy brauchte Geld zum Leben, doch jeder Versuch, im Beruf Fuß zu fassen, schlug fehl. Sie erhielt so viele Absagen, dass sie damit die Wände hätte tapezieren können. Vor Bewerbungsgesprächen erlitt sie regelrechte Panikattacken. Manchmal musste sie eine Zeit lang im Auto sitzen bleiben, um Haltung zu gewinnen. Schließlich, als sie sich hoffnungslos in der Falle fühlte, überlegte sie, wie sie dem Ganzen ein Ende setzen konnte. Alles schien sich gegen sie verschworen zu haben. Das Leben hatte sie in eine Ecke getrieben, wo sie nichts mehr zu gewinnen hatte. Sie selbst sagt: »Ich hatte so lange darauf gewartet, dass Gott mein Gebet um Frieden erhört, dass es einfach viel zu wehtat, noch weiterzuhoffen.« Dachte sie zumindest.

Und so geht es den meisten von uns. Wenn die Probleme von innen und außen nicht abreißen und uns die Luft abzuschnüren scheinen, dann kommen wir leicht zum Schluss, dass es immer so sein wird. Wenn die Widerstandskräfte schwinden, dann sehen wir für die Zukunft nur noch schwarz. Unser Verstand malt uns wilde Schreckensbilder vor Augen. Aber es gibt ein grundlegendes Naturgesetz, das für uns alle gilt: Nichts währt ewig, solange wir nicht im Himmel sind. Eine ungewöhnliche Verkettung von Umständen machte das auch Judy deutlich.

An einem Mittwochabend riss sie sich zusammen und ging in die Gemeinde. Sie kann sich nicht mehr erinnern, worüber der Pfarrer sprach, aber sie weiß noch heute, dass er am Ende seiner Predigt eine kleine Pause machte, in ihre Richtung sah und dann sagte: »Heute Abend ist eine Frau unter uns, der der Wille zum Leben fehlt. Aber Sie sollen wissen, der Herr liebt Sie.«

Sie war offen für Gott.

Am nächsten Sonntag ging Judy wieder in den Gottesdienst und zu ihrem großen Erstaunen ereignete sich dasselbe. Nach der Predigt machte der Pastor eine kleine Pause und sagte: »Heute ist eine Frau unter uns, die sich mit Selbstmordabsichten trägt. Gott hat eine Botschaft für Sie. Halten Sie aus. Auch für Sie kommen bessere Tage.«

In all den Jahren, die Judy in die Gemeinde ging, hatte sie noch nie erlebt, dass der Pastor so etwas tat. Später, in ihrer Wohnung, sprach sie mit Gott: »Okay, Herr, wenn du mich so lieb hast, dass du mir unter viertausend Leuten zweimal diese Botschaft übermittelst, dann gebe ich nach. Wenn du aus diesem Haufen Mist in meinem Leben etwas machen kannst – nur zu. Er gehört dir. Jedes kleinste bisschen.«

Auch wenn das Gebet etwas dreist war, es war der Wendepunkt. Weihnachten war nicht mehr weit und Judy fand eine vorübergehende Anstellung als Aushilfsverkäuferin in einem Warenhaus. Der Job war eine willkommene Gebetserhörung, doch die Teilzeitbeschäftigung brachte nicht so viel ein, dass sie ihre Rechnungen bezahlen konnte. Ihre Ersparnisse waren auf null geschrumpft. Sie hatte kein Geld, um die Miete zu zahlen. Am ersten Januar war die Autoversicherung fällig und außerdem hatte sie noch kein einziges Weihnachtsgeschenk für die Familie gekauft.

Eines Morgens vor der Arbeit saß Judy auf der Bettkante, sah die Kontoauszüge an und machte eine Liste von dem, was sie brauchte. »Herr, ich habe keinen Mann mehr, der für mich die Rechnungen zahlt. Du bist der Einzige, der für mich sorgen kann. Aber ehrlich, es sieht nicht so aus, als würde dich das kümmern. Ich brauche Hilfe – mindestens fünfhundert Dollar für die laufenden Ausgaben und ich muss mehr arbeiten können. Könntest du es nicht machen, dass mal jemand von meiner Familie anruft und nach mir fragt?«

Sie ging an die Arbeit und hatte fest vor, all ihren Mut zusammenzunehmen und zu fragen, ob sie mehr Stunden arbeiten könnte. Doch als sie ankam, war die Chefin ihr schon zuvorgekommen. Für die nächsten fünf Wochen hatte sie Judy für vierzig Stunden pro Woche eingeteilt.

Als Judy am Abend nach einem langen Arbeitstag die Schuhe abstreifte, konnte sie sich nur wundern, dass Gott ihr Gebet so schnell erhört hatte. Aber sie staunte noch mehr, als ein paar Minuten später das Telefon klingelte und eine ihrer Schwestern am anderen Ende war. Das war an sich nicht ungewöhnlich. Sie telefonierten oft. Aber was ihre Schwester am Schluss des Gesprächs sagte, haute Judy förmlich um: »Judy, ich weiß nicht, wie ich anfangen soll, aber ich frage dich einfach mal. Könntest du zufällig fünfhundert Dollar brauchen?«

Vor Verblüffung wusste Judy nicht, ob sie lachen oder weinen sollte. Woher wusste ihre Schwester das? Wer hatte ihr den Wink gegeben? Was brachte sie dazu, genau an dem Tag, an dem Judy ganz konkret um Hilfe gebeten hatte, so ein Angebot zu machen? Die Antwort war klar. Das konnte nur Gott getan haben.

Zwei Monate später bekam Judy einen weiteren überraschenden Anruf. Ihr Vater sagte, er wolle ihre Miete zahlen. Sie hatte ihn nicht um Hilfe gebeten. Aber Gott kannte Judys Probleme bis in alle Einzelheiten, und wie nur er es kann, brachte er ihren Vater dazu, ihr zu helfen.

Die Hilfe ging weiter, Tag für Tag, Monat für Monat, Jahr für Jahr. Heute kann Judy alle Rechnungen bezahlen. Sie hat wieder Ersparnisse auf der Bank. Ihre Gesundheit hat sich gefestigt. Die Arbeit macht ihr Spaß. Und ihr Einfluss auf andere Frauen und Männer ist enorm.

Wenn wir mit unserer Weisheit am Ende sind, dann stehen wir nicht in einer Sackgasse.

Wir sind an einer Kreuzung.

Wenn Sie unvorstellbares Leid erfahren, dann stehen Sie plötzlich an einem Punkt, wo Sie sich entscheiden müssen. Sie können da stehen bleiben, vor Schmerz wie gelähmt. Sie können sich zurückziehen wie Bert und den letzten Ausweg suchen. Oder Sie können einen Schritt auf dem neuen Weg tun und stellen dann fest, dass die Umstände Sie in eine neue Richtung lenken. Ihr Blickwinkel ändert sich. Sie sehen das Leben von einer neuen Perspektive aus. Die Situation wird klarer, als hätten Sie plötzlich neue Brillengläser. Das Leben lässt sich anscheinend doch bewältigen. Kleine Lichtstrahlen zeigen den Weg aus der Dunkelheit.

Bei manchen geschieht das sehr rasch. Bei den meisten treten die Veränderungen, nach denen wir uns sehnen, längst nicht so schnell ein, wie wir es uns wünschen. Aber dahinter stecken aller Wahrscheinlichkeit nach göttliche Absichten. Und während wir warten, können wir trotzdem etwas tun, das in unserem Herz die Hoffnung nährt.

Wir können glauben. Nicht an das Schicksal. Nicht an die Kraft des positiven Denkens. Nicht an einen nebulösen guten Willen, der durch das Universum schwebt. Wir können an den Herrn, unseren Gott, glauben, der selbst der Eckstein des Lebens ist.

Ein glaubendes Herz schreit unter der kaum erträglichen Last hervor:

»Gott, ich verstehe das alles nicht. Und ehrlich gesagt könnte ich auf all dieses Leid gut verzichten. Aber...

 ich glaube, dass du diese unvergleichlichen Schwierigkeiten irgendwie zu meinem Besten wenden wirst.

 ich glaube, dass du größer und stärker und mächtiger bist als alle meine Probleme.

 ich glaube, dass du deinen Plan mit mir erfüllen willst, egal, was geschieht.

 ich glaube, dass du treu bleibst, auch wenn alle anderen ihre Versprechen brechen. Du wirst die Dinge wenden.

 ich glaube, dass du mich innerlich veränderst, auch wenn sich außen keine Änderung zeigt, und mir geben wirst, was ich brauche, um weiterzumachen.«

Jesus sagte: »Wenn du glaubst, wirst du sehen« (Johannes 11,40). Judy glaubte und sah. Sie hat eine Kehrtwendung gemacht und ist vom Ende der Weisheit in die Straße des Wohlergehens gezogen. Wer Judy heute kennt, kann sich kaum vorstellen, dass sie jemals am Ende, lebensmüde und bedrückt war. Jetzt trägt sie den Kopf oben. Sie strahlt Frieden aus. Ihren Worten spürt man ab, dass sie Tod und Auferstehung kennen gelernt hat. Als Mitarbeiterin einer Gemeinde, die über siebentausend Menschen erreicht, kann sie mit der Botschaft von Gottes heilender Gnade auf Menschen zugehen, etwas, das ihr Mann nie begriffen hatte.

Wie steht es mit Ihnen? Womit haben Sie zu kämpfen? Tauchen neue Probleme am Horizont auf und bereiten Ihnen heute Angst und erfüllen Sie mit Sorgen um das Morgen?

Sind Sie müde und erschöpft, weil der Stress einfach nicht aufhört? Fragen Sie sich, wann die Probleme, wenn überhaupt, verschwinden?

Sind Sie mit Ihrer Weisheit am Ende und stehen mit dem Rücken zur Wand und warten auf Gottes Eingreifen?

Dann möchte ich Ihnen versichern, Gott wird seinen Plan auch in Ihrem Leben erfüllen. Niemand ist so groß, dass er ihn davon abbringen könnte. Keine Umstände, keine Müdigkeit oder Depression oder was auch sonst kann ihn davon abbringen. Selbst wenn Sie glauben, Ihre Gebete blieben unter der Decke hängen, Gott ist dabei, alles zu Ihrem Besten zu lenken. Seien Sie sicher, der Durchbruch kommt. Das Blatt wendet sich.

Wahrscheinlich schon bald.

P.S.: Wenn die Probleme Sie zu erschlagen scheinen und Sie einer Depression nahe sind – wenn Selbstmord Ihnen als Ausweg erscheint –, dann suchen Sie möglichst sofort professionelle Hilfe. Medikamente und eine Therapie können Ihnen helfen, während Sie weiter im Gebet auf Gottes Eingreifen warten.

Ein Schlückchen Hoffnung und Humor

Zwei Frauen hatten Schiffbruch erlitten und saßen auf einer einsamen Insel. Die eine lehnte ruhig und heiter an einer Palme. Die andere lief schreiend umher. »Wir werden hier umkommen! Wir haben nichts zu essen, kein Wasser, kein Dach über dem Kopf! Begreifst du das denn nicht? Wir werden hier sterben!«

Die Erste erwiderte: »Nein, du begreifst es nicht. Ich verdiene in der Woche einhunderttausend Dollar.«

Die andere sah sie verblüfft an. »Was hilft uns das? Wir sitzen hier auf einer einsamen Insel ohne Wasser, ohne Essen. Wir werden sterben!«

Darauf sagte die Erste: »Du hast mich einfach nicht verstanden. Ich verdiene pro Woche hunderttausend Dollar und spende zehn Prozent an meine Gemeinde. Sei nur ruhig. Mein Pastor wird uns schon suchen!«

Wenn Gott dir einen süßen Kelch einschenkt, dann trink ihn mit Dankbarkeit. Wenn er ihn bitter macht, dann trink ihn in der Gemeinschaft mit ihm.   *Oswald Chambers*

Wo Glaube, Hoffnung, Liebe enden, fängt Gott an.

KAPITEL 15

Der eingeschlagene Weg

Lasst also nicht nach in euerm Bemühen, Gutes zu tun.
Es kommt eine Zeit, in der ihr eine reiche Ernte
einbringen werdet. Gebt nur nicht vorher auf!
Galater 6,9; Hfa

Für Menschen, die Jesus nachfolgen, ist der lange Weg zum Himmel oft übersät mit Schlaglöchern voller Versuchungen und Temposchwellen falscher Entscheidungen. Meine Freundin Tamara kann ein Lied davon singen. Bei einem unserer nachmittäglichen Spaziergänge hat sie mir ganz tapfer davon erzählt. Wie dutzende anderer, die ich in meiner Praxis schon gehört habe, zeigt ihre Geschichte etwas vom hässlichen Wesen der Versuchung. Am Ende bleiben die Opfer immer zerschunden und fast leblos am Straßenrand liegen.

Ich lasse Tamara selbst berichten.

***

Alles begann zu einer Zeit, als es mir beruflich geradezu glänzend ging. Ich war Vizepräsidentin einer Bank und hatte fünfundvierzig Leute unter mir. Ein echter Bonus war die Möglichkeit, zu reisen und Aus- und Weiterbildungsseminare zu besuchen, bei denen ich andere Leute aus der Branche kennen lernen konnte. In einem Sommer beschloss ich, eine nationale Konferenz der Finanzdienstleistungsindustrie zu besuchen, die sich ganz speziell an afro-amerikanische Fachleute richtete. Es kamen vierhundert Leute und ich kam mir vor wie ein Kind, das in einem riesigen Süßwarenladen steht und nicht weiß, wie es seinen Dollar ausgeben soll.

Sie müssen wissen, dass ich es bei uns im Nordwesten der Vereinigten Staaten gewöhnt war, bei solchen Anlässen nur eine der wenigen Afro-Amerikanerinnen zu sein. Ich war immer in der Minderheit. Hier aber erlebte ich zum ersten Mal in meinem Leben, was es bedeutet, zu einer Mehrheit zu gehören. Das vermittelte mir ein Hochgefühl wie kaum sonst etwas.

Die Gefühle wurden noch stärker, als ich Sam kennen lernte. Er kam etwas zu spät in den Kurs, sah sich suchend um und fand dann neben mir noch einen freien Platz. Schon beim ersten Hinsehen war mir klar, dass dieser Typ einer der bestaussehendsten Männer war, die mir je begegnet waren – ein First-Class-Gentleman aus New York. Während der ganzen Konferenz sahen wir uns immer wieder von weitem, in den Seminaren, bei Empfängen und in der freien Zeit. Sam war jedes Mal sehr höflich und behandelte mich mit äußerstem Respekt. Nicht einmal machte er irgendwelche unschicklichen Annäherungsversuche. Da waren andere, die ausprobierten, wie weit sie gehen konnten. Oft erkannte ich ihre Absichten nicht sofort. Aber wenn mir dann ein Licht aufging, fand ich ihr Interesse in gewissem Sinne schmeichelhaft. Aber auch abstoßend. Ich wollte nicht nur Objekt sein.

Gegen Ende der Konferenz tauschte ich mit Sam Visitenkarten aus wie mit etwa dreißig anderen Kollegen auch. Dann flog ich nach Hause und machte weiter wie bisher.

Ein paar Wochen später jedoch rief Sam bei mir an, und damit nahm unsere heimliche Beziehung ihren Anfang. Aus der gelegentlichen Nachfrage, »wie es geht«, wurden bald wöchentliche Anrufe, bei denen wir über alles sprachen – von beruflichen Dingen bis zu unseren Träumen, Hoffnungen und Ängsten, über unseren Partner und die Kinder.

Ja, ich war verheiratet. Aber wir hatten Probleme. Mein Mann Aaron und ich gingen beide voll im Beruf auf und hatten uns auseinander gelebt. Wenn wir miteinander redeten, dann ging es um die Kinder oder um Termine. Als ich jene schicksalsträchtige Konferenz besuchte, war ich zwar im Beruf zufrieden, in der Ehe jedoch nicht.

Je mehr Sam und ich miteinander redeten, desto näher kamen wir uns und desto stärker wurde der Wunsch, ihn - zu sehen. Es dauerte nicht lange, bis sich eine Gelegenheit bot. Meine Bank schickte mich zu einer Konferenz nach Boston. Ich wusste, dass die Themen der Seminare auch Sam interessieren würden, und schlug ihm deshalb vor, auch zu kommen. Ich meldete mich an, traf die notwendigen Reisevorbereitungen und freute mich auf die Reise.

Ein paar Wochen später rief Sam an und sagte, er bekomme kein Zimmer, weil alle Hotels in der Umgebung wegen einer Sportveranstaltung total ausgebucht seien. Wenn nicht irgendjemand absage, könne er nicht kommen.

Praktischerweise hatte ich bereits eine Suite mit zwei französischen Betten gebucht und sagte Sam, ich hätte nichts dagegen, wenn er mein Zimmer mitbenützte. Natürlich machte ich mir ein paar Gedanken, aber ich redete mir ein, das sei nicht viel anders, als wenn ich mit einem meiner Brüder das Zimmer teilen würde. Ich betrachtete meine Beziehung zu Sam als rein platonisch. Er war ein guter Freund und Kollege.

Wenn ich zurückblicke, sehe ich jetzt, wie ich mich mit diesen Überlegungen selbst getäuscht habe. Ich dachte, weil meine Beziehung zu Gott in Ordnung war, könnte mich eine Affäre nicht reizen. Solange es nicht zu sexuellen Kontakten komme, sei es kein Risiko, mit diesem Mann zusammen zu sein. Damals hielt ich Aaron, nicht mich, für den Urheber unserer Eheprobleme. Wenn er nur ein wenig kooperativer und verständnisvoller wäre und nicht so herrisch, dann könnte auch ich meine Pläne verwirklichen. Ich selbst, so redete ich mir ein, hatte schon genug Opfer gebracht und Jahre meines Lebens für Mann und Kinder eingesetzt. Ich weiß noch, wie ich zu mir sagte: »Jetzt bin ich an der Reihe. Es ist Zeit, dass ich meine eigenen beruflichen Träume wahr mache. Ich kann es schaffen und ich werde es schaffen.«

Ich fuhr also nach Boston und teilte mein Zimmer mit Sam. Wie Sie sich wohl vorstellen können, war die Versuchung größer, als dass man ihr hätte widerstehen können. Als ich danach wieder nach Portland zurückkam, wurden die Anrufe noch häufiger und immer länger. Ich hatte mich verliebt und ich richtete es mir meist so ein, dass ich zu der Zeit, wo Sam normalerweise anrief, im Büro war. Zu Hause verbrachte ich die meiste Zeit mit den Kindern oder allein. Was ich an Gefühlen brauchte, erhielt ich von meinem heimlichen Freund.

Ich weiß nicht, wie Aaron darauf kam. Aber er spürte, dass etwas nicht stimmte. Eines Abends beschloss er, meine Tasche zu durchsuchen. Das hatte er noch nie getan, aber er wurde belohnt. Den Beweis fand er in der Innentasche: einen Liebesbrief an Sam, den ich am nächsten Morgen einwerfen wollte. Mein Geheimnis war gelüftet.

Es war erschütternd, wie Aaron reagierte. Auch wenn ich nicht mehr in ihn verliebt war, war er mir doch nicht gleichgültig. Wir wussten beide nicht, was wir tun sollten.

Aarons Welt brach zusammen und ich empfand zwar Mitleid, meine Gefühle aber gehörten Sam. Ihn wollte ich nicht aufgeben, obwohl mir klar war, dass ich alles aufs Spiel setzte. Es war uns beiden, als würde uns das Herz in Stücke gerissen.

Trotz aller aufgewühlten Gefühle blieb Aaron sehr bestimmt und setzte seine Prioritäten. Seine Frau und die Kinder waren für ihn das Wichtigste im Leben, und er würde sie nicht kampflos aufgeben. Sicherlich gab es Zeiten, in denen er sich fragte, ob es die Mühe wert sei, aber er hielt durch. Angesichts meiner Untreue schien er sein Gelübde für sich zu erneuern.

Der Druck wurde so groß, dass ich ihn nicht mehr ertragen konnte. Ich beschloss, mir eine Wohnung zu nehmen, damit ich mich zurückziehen und wieder zu mir kommen konnte. Aaron akzeptierte meine Entscheidung nur widerstrebend. Ich fasste einen, wie mir damals schien, selbstlosen Entschluss: Die Kinder, die im Teenageralter waren, blieben bei Aaron. Ich kannte die Statistiken über die finanziellen Folgen einer Scheidung. Wenn wir uns wirklich trennten, dann waren sie bei ihm besser aufgehoben.

Ich war etwa einen Monat in meiner kleinen Wohnung, als der Anruf einer Tante mich in die Wirklichkeit zurückholte. Diese Tante galt in der Familie als besonders fromm. Als ich ihre Stimme hörte, machte ich mich auf eine Predigt voller Bibelsprüche und Drohungen mit dem Höllenfeuer gefasst. Aber sie stellte mir nur eine Frage: »Tamara, willst du wirklich, dass eine andere Frau mit deinem Mann in eurem Haus wohnt und deine Kinder aufzieht?«

So hatte ich das nie gesehen. Aus unerfindlichen Gründen hatte ich mir Aaron immer allein mit den Kindern vorgestellt. Wie abwegig! Ich kannte keine Frau, die in

Aaron nicht den absoluten Glücksfall gesehen hätte. Natürlich würden andere Frauen, wenn ich erst einmal von der Bildfläche verschwunden war, Aaron schöne Augen machen. Und dann war er weg. Das brachte mich zur Besinnung und ich zog wieder nach Hause.

Das Verhältnis mit Sam ging allerdings weiter. Wenn ich geschäftlich an die Ostküste musste, trafen wir uns jedes Mal. Der sexuelle Kontakt blieb jedoch auf das eine Mal in Boston beschränkt. Nicht die körperliche Anziehung war das treibende Element in unserer Beziehung, sondern die seelische. Ich hatte meine Liebe von Aaron auf Sam übertragen. Sam war mein Vertrauter geworden, Aaron ein Fremder. Es war der emotionale Halt, den Sam mir zu bieten schien, den ich nicht aufgeben wollte.

Natürlich stand mein Glaube in totalem Widerspruch zu meinem Verhalten. Ständig fragte ich mich: »Tamara, was machst du bloß?« Es widersprach meinem Wesen, so gegen meine Überzeugungen zu leben. Ich hatte meine Wertmaßstäbe bislang noch nie preisgegeben, weder im Beruf noch im Privatleben. Ich hatte die Regeln befolgt, gute Noten geschrieben, war den schmalen und geraden Weg gegangen und hatte bis zur Ehe gewartet. Deshalb sahen Aaron und meine Familie in mir das unschuldige Opfer, das von einem glattzüngigen Casanova verführt worden war. Aber ich wusste, dass das nicht stimmte. Ich war für die Beziehung genauso verantwortlich wie Sam.

Die Konflikte, die durch mein Verhalten und das Zusammenleben mit Aaron entstanden, während ich gleichzeitig versuchte, die Beziehung zu Sam aufrechtzuerhalten, führten in meinem Inneren zu einem ständigen Aufruhr. Und bei Aaron natürlich auch. Wir hatten beide Probleme, mit dem Stress umzugehen. Aaron bekam einen hässlichen Ausschlag am ganzen Körper. Und ich selbst konnte weder essen noch schlafen und hatte das Gefühl, es würde mich demnächst zerreißen. Schon bei den kleinsten Kleinigkeiten explodierte ich. Schließlich erkannte ich, dass ich professionelle Hilfe brauchte. Im Bemühen, das bisschen Selbstachtung und Vernunft, das mir geblieben war, zu bewahren, machte ich einen Termin bei einem Therapeuten aus.

Ich achtete sehr darauf, dass der Therapeut nicht gläubig war. Denn ich brauchte niemanden, der mir Vorträge über Gut und Böse hielt. Darüber wusste ich selbst Bescheid. Aber ich kam trotzdem nicht weiter. Die Beziehung zu Sam wollte ich nicht aufgeben, die zu Aaron aber auch nicht.

Eines der Schlüsselelemente der Therapie war, dass mein öffentliches und mein Privatleben nicht übereinstimmten. Ich hielt mich nicht an die eigenen Maßstäbe. Ich musste mir Fragen stellen wie: »Wer bin ich? Was glaube ich? Glaube ich das wirklich oder habe ich es nur von meinen Eltern übernommen? Wie kommt diese Überzeugung in den verschiedenen Rollen, die ich spiele, zum Ausdruck?« Die Suche nach ehrlichen Antworten führte zu einer inneren Veränderung. Ich erkannte, dass das, was ich tat, niemandem nützte. Lügen und Verrat sind die Dinge, mit denen der Teufel uns bindet. Aber ich wollte nicht mehr mit ansehen müssen, wie ich durch mein Verhalten und meinen Ärger mir selbst und anderen schadete, und begann mich zu ändern – von innen nach außen.

Mit der Zeit wurde mir klar, dass ich zwei Möglichkeiten hatte. Ich konnte meine Ehe beenden und mit Sam weitermachen. Wenn ich das tat, musste ich meine Grundsätze ändern, damit sie mit meinem Verhalten übereinstimmten. Denn auf die eine Art zu leben und etwas anderes zu glauben, machte mich langsam kaputt.

Die zweite Möglichkeit bestand darin, die Beziehung zu Sam zu beenden und an meiner Ehe zu arbeiten. Das war die einzige Möglichkeit, wenn ich meinen Grundsätzen treu bleiben wollte. Also beschloss ich drei Jahre nach der ersten Begegnung mit Sam, meine Ausflüchte aufzugeben und mich wieder ganz neu um meine Ehe zu kümmern. Es war eine der schwersten Entscheidungen meines Lebens.

Ich begann an meiner Ehe zu arbeiten. Mit Aaron meldete ich mich zu einem Ehekurs an. Es war ein wichtiger Schritt im Heilungsprozess. Aber oft kam ich mir vor, als sei es mir gar nicht ernst. Mein Kopf war bei meiner Ehe, aber mein Herz war es nicht. Das Verlangen, mit Sam zu reden, ließ sich kaum unterdrücken.

Mir ging auf, dass ich auch meine Beziehung zu Gott wieder in Ordnung bringen musste. Ich hatte sie so vernachlässigt, dass kaum noch etwas davon übrig war, aber mir war auch klar, dass ich aus eigener Kraft nicht wieder heil werden konnte. Ich bat Gott um Vergebung. Ich bat ihn, mir zu helfen, damit meine Ehe wieder so würde, wie sie einmal war. Ich bat ihn, das Feuer der Liebe und Leidenschaft für Aaron, das während unserer Verlobungszeit gebrannt hatte, wieder neu zu entfachen. Es war ein Gebet des Glaubens von einer Frau, die genug davon hatte, nur halb zu leben.

Ich betete und wartete. Und wartete. Worte des Propheten Jesaja hielten mich Tag für Tag aufrecht. Ein Zettel am Badezimmerspiegel grüßte mich am Morgen und erinnerte mich daran, dass es übernatürliche Hilfe gibt: »Aber die auf den Herrn harren, kriegen neue Kraft, dass sie auffahren mit Flügeln wie Adler, dass sie laufen und nicht matt werden, dass sie wandeln und nicht müde werden« (Jesaja 40,31).

Es ging nicht so schnell, wie ich es mir gewünscht hätte. Ich lernte, dass es *immer* schwieriger ist, Dinge aufzuarbeiten, als einfach davonzulaufen. Aber ganz allmählich fühlte ich mich wieder zu Aaron hingezogen. Die Anziehung kam zurück und spontane Anflüge von Zärtlichkeit. Ich war überrascht – positiv überrascht.

Das war vor zehn Jahren und manchmal scheint es mir, als sei es in einem anderen Leben gewesen. Wenn ich mir Bilder aus jenen Jahren ansehe, dann erkenne ich die Person, die mich da anstarrt, kaum wieder. So viel hat sich verändert. Heute sind Kopf und Herz in Einklang. Mein Privat- und mein Berufsleben sind in Ordnung und stimmen überein. Und ich war noch nie so verliebt in meinen Mann.

***

Durch Gottes Gnade und eine Reihe nicht ganz leichter Entscheidungen, die ihre Schritte wieder aufeinander zu lenkten, haben Aaron und Tamara es geschafft, sich ganz von den schrecklichen Verletzungen zu erholen.

Es gibt in Tamaras Geschichte ein paar Elemente, aus denen wir alle etwas lernen können. Erstens sind die körperliche Not und die innere Entfremdung, die sie als Folge ihres Verhaltens erlebte, nicht ungewöhnlich. Wenn wir entgegen unseren eigenen Grundsätzen leben, dann sind die Folgen für Körper und Geist verheerend.

Zweitens, Vergebung – und Heilung – sind möglich. Gott lässt uns nicht fallen, bloß weil wir ihn aufgegeben haben. Er wartet immer darauf, dass wir zurückkommen. Kennen Sie das Gleichnis vom verlorenen Sohn? Der himmlische Vater hat auch verlorene Töchter.

Drittens, Gott ist fähig und bereit, denen zu helfen, die sich für ihn entscheiden. Er will uns Kraft geben. Er wird Gutes bewirken, weil er gern segnet, wo wir uns von der Weisheit leiten lassen.

Vor kurzem las ich das reizende kleine Buch *Muscheln in meiner Hand* von Anne Morrow Lindbergh, der

Frau des amerikanischen Piloten und bekannten Helden Charles Lindbergh. Anne ist eine bemerkenswerte Frau, deren Leistungen denen ihres Mannes in nichts nachstehen. In ihren Gedichten und Essays kommt etwas von ihrem brillanten Geist zum Vorschein. In diesem speziellen Buch hat sie so etwas wie ein Glaubensbekenntnis hinterlassen. Was sie sagt, wirkt echt und harmonisch:

> Aber zuerst will ich ... in Einklang mit mir selbst sein. Ich wünsche eine eindeutige Sicht, Reinheit meiner Absichten, einen festen Mittelpunkt für mein Leben, die es mir ermöglichen, jene Verpflichtungen und Aufgaben so gut wie möglich zu erfüllen.
>
> Ich wünsche – um es durch einen theologischen Begriff auszudrücken –, »im Stand der Gnade« zu leben, soweit mir das überhaupt möglich ist. Ich gebrauche diesen Begriff nicht im streng theologischen Sinn. Unter Gnade verstehe ich eine innere, im Wesentlichen spirituelle Harmonie, die sich auch durch äußere Harmonie auszudrücken vermag. Vielleicht suche ich das, was Sokrates in seinem Gebet in Phaidros erflehte, wenn er sagt: »Lass den äußeren und den inneren Menschen eins werden.« Ich will einen Zustand der Gnade erreichen, aus dem heraus ich so sein und handeln kann, wie ich in der Vorstellung Gottes sein und handeln sollte.[1]

Was folgt daraus? Wo das, was wir glauben, nicht mit dem übereinstimmt, wie wir leben, kann es nur Chaos geben. Und gerade erschöpfte Frauen sind da eine hervorragende Zielscheibe. Müdigkeit hindert uns daran, klar zu denken. Egal, wie fest unsere Beziehung zu Gott ist, gegenüber der Versuchung sind wir *nie* immun. Wenn Umstände und Zeitpunkt stimmen, sind wir alle anfällig.

Aus Tamaras Geschichte können wir lernen:

Unsere Entscheidungen haben wir in der Hand, nicht aber deren Konsequenzen.

 Egal, wie schlimm ein Fehler ist, wir müssen die Verbindung zu Gott aufrechterhalten. Er kann uns am besten helfen, das Durcheinander in Ordnung zu bringen.

 Das Fühlen folgt dem Handeln. Wir müssen tun, was richtig ist, und darauf vertrauen, dass das Herz dem Kopf mit der Zeit folgen wird.

 Wenn es in unserer Beziehung zu Problemen kommt, dann dürfen wir nicht dem anderen die Schuld in die Schuhe schieben, und müssen die Verantwortung für unser eigenes Verhalten übernehmen.

 Wenn wir gegen unsere eigenen Überzeugungen leben, dann vergewaltigen wir unseren Geist.

 Wahr ist: Wir können nicht alles haben und wir können nicht alles machen – jedenfalls nicht sofort. Alles hat seine Zeit. Lebensqualität ist eine Frage der Entscheidung.

Vor kurzem habe ich Aaron und Tamara in einem sehr persönlichen Moment beobachtet. Ich hielt mit John ein Eheseminar, an dem auch die beiden teilnahmen, in einem hübschen Hotel am Meer. Bei einer Zusammenkunft überreichte Aaron Tamara einen wunderschönen handgeschnitzten Weißkopfadler in einer Glasvitrine. Ein Symbol für seine bedingungslose Liebe und Unterstützung und für ihre Bereitschaft, ihm wieder ganz neu treu zu sein.

Die Botschaft war klar: »Steig auf, Tamara, flieg empor wie ein Adler!«

Und genau das tut sie, mit der großen Liebe ihres Lebens an der Seite.

Ein Schlückchen Hoffnung und Humor

Aus dem Gemeindebrief:

 Frau Charlene Mason sang: »Diesen Weg werde ich nie wieder gehen«, und bereitete der Gemeinde damit große Freude.

 »An unsere Frauen: Vergesst unseren Flohmarkt nicht. Eine gute Gelegenheit, sich von Dingen zu trennen, die man nicht mehr braucht. Bringt auch eure Männer mit!«

 Thema des Morgengottesdienstes: »Jesus wandelt auf dem Wasser«. Thema des Abendgottesdienstes: »Auf der Suche nach Jesus«.

 Barbara C. muss noch im Krankenhaus bleiben und braucht unbedingt weitere Blutspender. Sie hat außerdem Probleme mit dem Einschlafen und bittet deshalb um Kassetten mit den Predigten von Pfarrer Hansen.

Gott hat uns einen freien Willen gegeben, weil eine Liebe, zu der es keine Alternative gibt, bedeutungslos ist.
James Dobson

Es ist so: Der Herr, der stimmt immer für den Menschen, und der Teufel, der stimmt immer dagegen. Dann wählt der Mensch selbst und hebt das Stimmengleichgewicht auf.

Wir haben die Freiheit, unseren Weg zu wählen, aber über sein Ende bestimmen wir nicht. *Oswald Chambers*

KAPITEL 16

Fragen an den Fachmann

Ich entscheide so, wie Gott es mir sagt.
Johannes 5,30; Hfa

Es war eine jener Phasen, wo man sich nicht entscheiden kann. Wir waren unsicher und wussten nicht, in welche Richtung Gott uns führen wollte. Die Gemeinde, in der wir angestellt waren, machte einige Veränderungen durch, weil der leitende Pfarrer gehen wollte. Auch wenn John schon acht Jahre Mitarbeiter war und die Arbeit ihn befriedigte, fragten wir uns, ob nicht die Zeit gekommen sei, sich auch nach etwas anderem umzusehen. Oft ist es ja so, dass viele der früheren Mitarbeiter entlassen werden, wenn ein neuer Leiter kommt. Wir waren uns unsicher, was Gott in der Zukunft mit uns vorhatte.

Ich war schwanger. Wir hatten überlegt, ob es nicht sinnvoll wäre, etwas näher zu unseren Eltern zu ziehen, damit wir mehr Zeit für sie hatten und die Kinder ihre Großeltern etwas mehr genießen konnten. Eine Gemeinde in der Nähe von beiden Familien suchte gerade in dieser Zeit einen Hilfspastor. Einer der Verantwortlichen nahm mit uns Kontakt auf, und wir trafen uns mit ihm, um die Sache zu besprechen.

Danach schien uns die Antwort klar. Auf dem Papier sah alles ganz eindeutig aus. Es sprach viel mehr dafür, dass wir unsere jetzige Gemeinde verließen. An der neuen Stelle würde John doppelt so viel verdienen, ich konnte als Therapeutin mitarbeiten und es war nicht weit zu beiden Eltern. Auch der Zeitpunkt schien perfekt. Jeder flüchtige Beobachter hätte meinen müssen, wir wären dumm, wenn wir die Gelegenheit nicht sofort beim Schopf ergriffen.

Aber irgendetwas hielt uns zurück.

Weder John noch ich konnten uns dazu entschließen. Ich habe dafür nicht einmal eine logische Begründung – wir hatten einfach das Gefühl, Gott wollte uns nicht gehen lassen. Wir baten ihn um Weisheit und Weisung. Wir sagten ihm, wir würden überall hingehen, wohin er uns haben wollte, aber wir müssten auch ganz klar seine Stimme hören.

Ein Bibelvers wurde uns in jener Zeit besonders wichtig: »Ich bin der Herr, dein Gott, der dich lehrt, was dir hilft, und dich leitet auf dem Wege, den du gehst« (Jesaja 48,17).

Etwa in der Hälfte meiner Schwangerschaft mit Jessie begann ich nachts so heftig zu schnarchen, dass Johns Schlaf dadurch empfindlich gestört wurde. Deshalb suchte er sich irgendwann zwischen Mitternacht und Morgengrauen im Dunkeln den Weg ins Gästezimmer, damit er doch noch für ein Weilchen die Augen schließen konnte. Dem armen Kerl wurde der Schönheitsschlaf geraubt, noch ehe das Baby überhaupt meinen Bauch verlassen hatte.

Eines Morgens, als die ersten Sonnenstrahlen sich gerade ihren Weg durch die grauen Wolken Oregons suchten, kam er aus seiner Verbannung zu mir ins Bett gekrochen. »Ich glaube, ich habe Gott reden hören«, flüsterte er.

»Tatsächlich?«, erwiderte ich und sah ihn verschlafen an. »Was hat er gesagt?«

»Er hat gesagt, wir sollten bleiben, wo wir sind.«

Ich wusste sofort, dass John Recht hatte. Mein Geist sagte mir dasselbe, und wir fühlten beide eine ruhige Gewissheit, dass die Weisung wirklich von Gott kam.

Ich weiß, rein menschlich gesehen klingt das nicht sehr vernünftig. Das Angebot aus der anderen Stadt hatte viel mehr zu bieten. Eine Reihe unglücklicher Ereignisse sowie der Weggang eines beliebten Pastors hatten unsere Gemeinde zutiefst verletzt und durcheinander gebracht. Der Gottesdienstbesuch war eine Strapaze, denn wohin wir uns auch wandten, überall hörten wir nur Jammern und Klagen. Manche erhofften sich von uns Trost, während andere nur ihren Ärger abladen wollten. Von einem Ort der Zuflucht war die Gemeinde zu einem Kessel geworden, in dem Klatsch und Tratsch förmlich überkochten. Die Stimmung war gereizt. Die Nerven lagen blank. Viele fühlten sich verletzt. Es war eine schwierige Zeit. Ein Wegzug erschien da als willkommene Möglichkeit, wieder auf den Pfad des Segens zu gelangen. Aber Gott bat uns zu bleiben und die Schwierigkeiten auszuhalten im Vertrauen darauf, dass er weiß, was für uns das Beste ist.

Schon bald darauf erfuhren wir, dass wir einen neuen Pastor bekommen würden. Wir kannten Ted und Diane Roberts nicht, aber Gott wollte, dass wir blieben und mit ihnen zusammenarbeiten. Also blieben wir. Das war vor fünfzehn Jahren.

Im Rückblick wird oft vieles klar. Heute erkennen wir deutlich, warum Gott wollte, dass wir blieben. Er wollte die Gemeinde und auch uns heilen und er wollte uns die Freude schenken, an dieser Heilung mitzuwirken. Verstehen Sie mich nicht falsch: Der Heilungsprozess war nicht einfach. Verletzte Menschen brauchen ein Extra an Zeit, Aufmerksamkeit und Fürsorge. Unter den gegebenen Umständen kamen John und ich uns oft vor wie Ärzte in einer Notaufnahme, bei der die Drehtür nie stehen bleibt, sondern ständig neue Patienten hereinspült. Es war belastend, mit so vielen Nöten bombardiert zu werden – die eigenen eingeschlossen –, und verlangte jedes Quäntchen Geduld und Ausdauer, das wir nur aufbringen konnten.

In den nächsten Jahren durften wir mitverfolgen, wie Gott kranke Herzen gesund macht. Was zerbrochen war, wurde heil. Die Gemeinde wuchs von achthundert auf 6 500 Mitglieder. Diejenigen, die damals verwundet waren, widmen sich heute anderen, die vom Leben gezeichnet wurden. Viele, auch wir selbst, wurden von der heilenden Kraft Gottes zutiefst geprägt und dauerhaft verändert.

Aber nie war ich Gott so dankbar für sein Leiten in unserem Leben, als ich ein paar Jahre nach seiner Weisung, uns »nicht vom Fleck« zu rühren, auf einer Frauenkonferenz sprach. Die Freizeit fand in der Nachbarstadt jenes Ortes statt, an den wir hätten umziehen wollen. In einer Pause stand ich mit ein paar Frauen plaudernd zusammen. Überall im Foyer waren Trauben von Frauen mit Styroporbechern in der Hand, in denen der heiße Kaffee dampfte. Man stand ziemlich dicht gedrängt, so dass man unweigerlich mitbekam, was um einen herum erzählt wurde.

Ich war gerade in Gedanken versunken, als ich eine Frau hinter mir sagen hörte: »Ist es nicht tragisch, was in der Gemeinde Soundso passiert ist?« Es war die Gemeinde, die uns angefragt hatte! Da begann ich bewusst zu lauschen. Was ich hörte, ließ mir fast das Herz stillstehen. Die Gemeinde stand kurz vor der Spaltung, weil man im Leitungsteam ein paar gravierende Fehler begangen hatte. Das Gehörte stimmte mich traurig.

Die Kaffeepause war vorüber, und ich musste mich sehr zusammennehmen, um mich auf mein nächstes Seminar zu konzentrieren. Die Frau im Foyer ahnte sicher nicht, dass ich sie gehört hatte, aber ich denke, Gott hat es zuge-lassen. Als ich am Ende des Tages in mein Hotelzimmer kam, kniete ich voll demütiger Anbetung nieder und sagte nur: »Danke! Danke! Herr, ich danke dir!«

Die Vorstellung, was hätte passieren können, wenn wir bei unserer Entscheidung nicht nach Gottes Willen gefragt hätten, ist ernüchternd. Es wäre ein Leichtes gewesen, das zu tun, was rein menschlich betrachtet so sinnvoll aussah. Schließlich wären wir damit auch vielen Problemen ent-kommen.

Aber es wäre ein riesiger Fehler gewesen mit weit rei-chenden Folgen. Wir hätten uns auf unsere eigenen be-grenzten Bemühungen verlassen, um aus den Schwierig-keiten herauszukommen. Wir hätten unserem eigenen, begrenzten Verstand und unseren Fähigkeiten vertraut, anstatt der Leitung und dem Zeitplan des Heiligen Geis-tes. Und wir hätten uns dabei selbst um das umfassende und wunderbare Werk der Gnade, das Gott in unserem Leben vollbringen wollte, gebracht.

Heute sehen wir, wie weise der Vater uns vor dem Elend bewahrt hat. Wären wir umgezogen, dann wären wir von einer zerrütteten Gemeinde in eine andere gekommen. Ich bin mir nicht sicher, ob wir das gut verkraftet hätten. Da-rum bin ich so dankbar für Gottes Gnade.

Es ist sinnvoll, vor einer Entscheidung das Pro und Kontra abzuwägen. Aber ich habe im Lauf der Jahre ge-lernt, dass wir es dabei nicht bewenden lassen dürfen. Selbst wenn unserem menschlichen Verstand eine Ant-wort logisch erscheint, kann es sein, dass sie nicht Got-tes Plan entspricht. Wir können uns selbst viel Kummer und Mühsal ersparen, wenn wir innehalten und den Fach-mann fragen. Auch wenn der Weg, den er zeigt, durch wildes Wasser führen mag, sein Rat ist immer in unse-rem Interesse.

Denn Gott hat den Überblick.

Nur Gott kennt die Zukunft und die Auswirkungen unserer Entscheidungen.

Nur Gott kann erkennen, ob die Fluchtluke nicht in Wahrheit eine Todesfalle ist.

Nur Gott weiß, was die tiefsten Tiefen unserer Seele heilen und erfüllen kann.

Nur Gott weiß, wann, wie und wohin die Flammen dieser Welt züngeln.

In seiner Gnade will er uns gern leiten. Wir dürfen sicher sein, dass der Weg, den er uns zeigt, immer zu unserem ultimativ Besten ist.

Selbst wenn wir Konflikte noch ein wenig länger aushalten müssen.

Ein Schlückchen Hoffnung und Humor

Eine Gruppe von Wissenschaftlern kam eines Tages zusammen und meinte, der Mensch habe es inzwischen so weit gebracht, dass er Gott nicht mehr brauche. Darum sollte einer von ihnen zu Gott gehen und ihm dies mitteilen.

Der Wissenschaftler kam zu Gott und sagte: »Gott, wir haben beschlossen, dass wir dich nicht mehr brauchen. Wir sind jetzt soweit, dass wir Menschen klonen können und manches andere mehr. Warum ziehst du dich nicht einfach zurück?«

Gott hörte ihm sehr geduldig und freundlich zu. Als der Wissenschaftler seine Rede beendet hatte, sagte er: »Einverstanden. Aber was haltet ihr davon, wenn wir erst noch einen Wettbewerb im Erschaffen von Menschen veranstalten?«

»O ja, prima«, erwiderte der Wissenschaftler.

»Aber wir werden es genauso machen, wie ich es damals vor langer Zeit mit Adam gemacht habe«, fügte Gott noch hinzu.

»Kein Problem«, meinte der Wissenschaftler und bückte sich, um eine Hand voll Erde aufzuheben.

»Nein, nein«, sagte Gott und sah ihn an. »Du musst deine eigene Erde holen!«

Gottes himmlischer Plan erscheint auf der Erde nicht immer sinnvoll.
Charles Swindoll

Es gibt zwei Arten von Menschen: Die, die zu Gott sagen: »Dein Wille geschehe«, und die, zu denen Gott am Ende sagt: »Dein Wille geschehe.« *C. S. Lewis*

Wo Gott einen Punkt gesetzt hat, sollten wir kein Fragezeichen daraus machen. *T. J. Bach*

KAPITEL 17

Vergebung ist übernatürlich

Denn wenn ihr den Menschen ihre Verfehlungen vergebt, so wird euch euer himmlischer Vater auch vergeben.
Matthäus 6,14

Ich bin überzeugt, dass nichts eine Frau innerlich schneller kaputtmacht als das Festhalten an Groll und Bitterkeit. Und nichts kann die Verbitterung wirksamer auflösen als der Wille zu vergeben.

Wenn Sie von einem Pfeil des Verrats, einem Schrotkorn der Lüge oder einer Handgranate öffentlicher Demütigung getroffen wurden, dann wissen Sie, wie das egoistische Verhalten eines einzigen Menschen uns aus dem Gleichgewicht bringen kann. Aber kennen Sie auch den Verband, den Jesus anlegt, der selbst einmal der »Balsam Gileads« genannt wurde? Kennen Sie die liebevollen Hände des geschickten Arztes, der jede Krankheit heilen kann? Haben Sie das beruhigende Gefühl der Vergebung kennen gelernt, das durch das wohltuende Wirken seines Geistes freigesetzt wird?

Ich möchte Ihnen Nancy vorstellen, die einen der schwersten geistlichen Kämpfe ausfechten musste, den es für den Menschen gibt, und die unversehrt daraus hervorgehen konnte – weil der große Arzt eingriff.

***

Alles begann, als ihre Blicke sich trafen.

»Er sieht mich an!«, dachte sie begeistert.

In ihrem Magen schien sich alles zu drehen, und ihr Herz hämmerte so laut, dass sie meinte, es müsste zerspringen. Aber sie ließ sich nichts anmerken. Lässig wandte sie sich wieder ihrem Buch zu und fragte sich insgeheim: »Kann es denn sein, dass sich der tolle Typ vom Campus tatsächlich für mich interessiert?«

Nancy war das typische College-Mädchen – jung, hübsch, voller Träume, voller Idealismus und ein wenig naiv. Sie hatte einige gute Freunde, war gut im Unterricht und trug Verantwortung. Trotzdem meinte sie, Doug sei ein paar Nummern zu groß für sie. Er war der Typ Junge, dem alles zufiel. Gut aussehend, sportlich, lustig und mit einer Ausstrahlung, die die Menge anzog wie ein Magnet. Deshalb traf sie fast der Schlag, als sie am Abend am anderen Ende der Leitung seine Stimme hörte und er sie zum Essen einlud.

Der ersten Verabredung folgten zahllose weitere, und bald waren Nancy und Doug ineinander verliebt. Nancy freute sich, hatte aber auch ein bisschen Angst. Ihr war klar, dass ein Dutzend Frauen nur zu gern ihren Platz einnehmen würden, wenn Doug je das Interesse an ihr verlor. Also beschloss sie, alles daranzusetzen, damit es nicht soweit kam.

Doug wollte schon recht früh in der Beziehung intim werden und Nancy gab nach. Es gab Momente, wo sie beschlossen, das Ganze etwas langsamer anzugehen, aber meist siegten die Hormone. Sie gaben sich Versprechen,

166

die sie nicht hielten, und Nancy kam sich oft mehr wie ein Objekt vor, das benutzt wird, als eine Frau, die man liebt. Aber sie himmelte den Boden an, über den Doug lief, und konnte sich ein Leben ohne ihn nicht vorstellen. Die Schuldgefühle schienen demgegenüber ein geringer Preis.

Schließlich setzten sie ein Datum für die Trauung fest. Nancy hatte immer noch das nagende Gefühl, dass irgendetwas nicht stimme, tat es aber als Aufregung vor der Hochzeit ab. Jede Braut hatte wahrscheinlich ähnliche Vorbehalte, mit der Zeit würden sie schon verfliegen.

Doch sie taten es nicht.

Alle – auch sie selbst – waren geschockt, als sie eine Woche vor dem geplanten Termin die Hochzeit mit Doug absagte.

Ursprünglich hatten sie vorgehabt, nach der Hochzeit nach New Jersey zu ziehen, wo Doug sich im Princeton Seminary eingeschrieben hatte. Nun zog er allein an die Ostküste, und Nancy blieb in Kalifornien. Ihr Kopf sagte ihr, dass ihrer Beziehung irgendetwas fehlte, aber ihr Herz war krank vor Angst, dass sie Doug verlieren könnte. Täglich telefonierten sie miteinander. Einmal besuchte sie ihn sogar. Dann erhielt sie von ihrem Arzt die entsetzliche Mitteilung: Sie war schwanger.

Nancys Eltern waren am Boden zerstört, und Nancy meinte, um die Enttäuschung zu lindern, sei es wohl das Beste, wenn sie die Sache nun doch »offiziell« machten. Wenn zunächst auch widerstrebend, erklärte auch Doug sich bereit, das »Richtige« zu tun. Jung, idealistisch und fest entschlossen, dafür zu sorgen, dass die Beziehung klappte, wischte Nancy alle früheren Zweifel fort. Sie heirateten, kehrten nach New Jersey zurück und richteten sich ein. Doug studierte und arbeitete, Nancy tapezierte das Kinderzimmer und tat all die Dinge, die die meisten jungen Mütter tun, wenn der Mutterinstinkt die Oberhand gewinnt.

Nach außen schien alles relativ normal. Doch der bohrende Schmerz in ihrem Inneren sagte Nancy, dass etwas nicht stimmte. Sie konnte nicht genau erklären, was es war, und versuchte mit Doug darüber zu reden. Er hatte immer eine Antwort parat und erklärte ihre Frustration mit Terminen, Seminararbeiten, seiner Arbeit und der Schwangerschaft, die sie, wie er sagte, überempfindlich machte. Seine Erklärungen schienen logisch. Nancy mahnte sich selbst, sich »zusammenzunehmen« und sich noch mehr anzustrengen.

Eine Tochter wurde geboren und ein paar Monate lang war Nancy hingerissen von ihrem Mutterdasein. Doug war ein stolzer Vater und zeigte seine kleine Tochter allen, die vorbeikamen. Die Ohs und Ahs nahmen kein Ende und schnell füllten sich die Alben mit Schnappschüssen von dem kleinen rosa Bündel.

Viele freuten sich mit ihnen – Freunde, Nachbarn, Studienkollegen. Oft kam eine Frau vorbei, die mit Doug zusammenarbeitete. Sie hatte einen einjährigen Sohn, und Nancy fragte sie nach allem, was eine junge Mutter so wissen muss. Eines Abends, als die Frau gegangen war, war Nancy irgendwie seltsam zumute. Sie wusste nicht, warum. Es war nichts Außergewöhnliches geschehen. Als sie Doug gegenüber ihre Gefühle erwähnte, sagte er etwas von postnataler Depression und meinte, sie sollte dankbar sein, dass sie eine Freundin hatte, mit der sie über Erziehungsfragen reden konnte. Vielleicht habe ich einfach Heimweh, überlegte Nancy, und es wird alles besser, wenn Doug das Examen geschafft hat und wir wieder nach Kalifornien gehen.

Zurück an der Westküste gelang ihnen tatsächlich ein Neubeginn. Doug fand eine Stelle. Nancy war entschlossen, das Beste aus ihrem Leben zu machen. Endlich hatten sie genug Geld und etwas mehr freie Zeit. Das Leben ordnete sich um Dougs Arbeit, ihre Familie, Freunde und die Gemeinde.

Dougs Job machte es erforderlich, dass er am Abend oder an den Wochenenden manchmal fort war. Als das immer häufiger vorkam, erklärte Nancy es sich zunächst mit den Anforderungen, die die Firma an ihn stellte, und konzentrierte sich ganz auf ihre Tochter. Es tat immer gut, wenn Besuch kam. Becky, eine gute Freundin aus New Jersey, kam für eine Woche herübergeflogen. Sie hatte Eheprobleme und meinte, sie müsste einmal raus und über alles nachdenken. Da Doug viele Psychologiekurse besucht und eine Gabe für die Eheberatung hatte, redete er oft stundenlang mit Becky. Eines Nachts wachte Nancy um ein Uhr auf und merkte, dass er noch nicht im Bett war. Sie fand die beiden im Wohnzimmer, und Doug sagte, er helfe Becky gerade, ein paar Fragen zu klären, und käme bald hoch. Nancy ging wieder zu Bett und dachte: »Was stimmt nicht mit mir? Wie kann ich meiner Freundin die nötige Hilfe nicht gönnen?«

Am nächsten Tag wollte Doug Becky sein Büro zeigen. Nancy blieb mit dem quengeligen Baby zu Hause. Ihr Misstrauen kam zurück. Einerseits stimmte etwas nicht, andererseits schienen ihre Ängste so irrational. Sie ging in ihr Schlafzimmer und fing an zu weinen, erst leise, dann immer heftiger. Der Schmerz war so stark und intensiv, dass sie sich förmlich krümmte. Sie war völlig durcheinander.

Als Doug und Becky ein paar Stunden später zurückkamen, war Nancy sich sicher, dass ihre Furcht berechtigt und zwischen den beiden irgendetwas vorgefallen war. Als Becky auf dem Heimflug war, sprach sie Doug darauf an. Er explodierte und sagte, sie sei wohl verrückt.

— 169 —

Wieder schob sie ihre Ahnungen beiseite und glaubte ihm.

Doch an diesem Tag starb etwas in ihr. Sie hörte zwar Dougs Worte, aber sie wusste, dass er log. Eine groteske Wirklichkeit verfolgte sie, mit der sie nicht umzugehen wusste. Sie hasste Doug und liebte ihn auch. Was sollte sie tun?

Eine zweite Tochter kam zur Welt. Doug machte weiter Überstunden. Trotzdem war er in vieler Hinsicht ein guter Ehemann. Er half im Haus und blieb auch manchmal bei den Mädchen, damit Nancy mit ihren Freundinnen ausgehen konnte. Ab und zu brachte er ihr Blumen mit oder ein kleines Geschenk. Alle Frauen, die sie kannten, beneideten sie.

Die Jahre vergingen, und immer wieder hatte Nancy Grund, an Dougs Treue zu zweifeln. Jedes Mal, wenn sie ihn darauf ansprach, empfahl er ihr, wegen ihrer Paranoia zum Psychiater zu gehen. Nancy hatte das Gefühl, ihr Kopf und ihr Herz stünden ständig im Krieg. Es gab Zeiten, wo sie sich ernsthaft fragte, ob sie den Verstand verlieren würde. Sie flehte Doug an, ihr die Wahrheit zu sagen, egal, wie schrecklich sie wäre, aber er stritt alles ab.

Schließlich rief er sie eines Abends, nachdem sie die Kinder ins Bett gebracht hatte, ins Wohnzimmer. Mit ein paar wenigen, vernichtenden Worten bestätigte er Nancys schlimmste Befürchtungen. Ja, er hatte tatsächlich mit Becky geschlafen, als sie zu Besuch war. Dann enthüllte er eine Affäre nach der anderen. Nancy erfuhr, dass er schon während der Verlobungszeit eine Beziehung zu einer anderen Frau gehabt hatte, die nach der Hochzeit noch zwei Jahre weitergegangen war. Er erzählte von einer Kollegin, mit der er jahrelang ein Verhältnis hatte. Es war die Frau aus seinem Büro mit dem einjährigen Kind. Sie war Nancy eine gute Freundin gewesen.

Nancys Reaktion? Ich lasse sie den Rest der Geschichte selbst erzählen.

***

Meine Seele gefror vor Wut. Lange Jahre hindurch hatte ich mich selbst in Frage gestellt und an meiner Wahrnehmung gezweifelt. Ich hatte kostbare Energie darauf vergeudet, mir selbst wegen meines Misstrauens Vorwürfe zu machen. Dougs Bekenntnis zerfetzte meine Welt wie eine Ladung Dynamit. Groll und Bitterkeit erstickten mich. Ich fragte mich allen Ernstes, ob ich es je schaffen würde, mir aus diesem Chaos wieder einen Ausweg zu bahnen.

Ich weiß nicht, was Doug veranlasste, mir alles zu erzählen, außer dass er vielleicht meinte, es sei »richtig«. Wahrscheinlich wollte er einfach seine Schuldgefühle loswerden. Kurz darauf beschloss er auszuziehen. Da wir uns von seinem Einkommen allein keine zwei Wohnungen leisten konnten, musste ich mir eine Stelle suchen, was nicht einfach war. Mein Marktwert war gering, da ich mich in den letzten acht Jahren nur um den Haushalt und die Kinder gekümmert hatte.

Ich weiß noch, wie ich in der Bibel las und mich fragte, wo Gott in dem allen war. Ich las Berichte über sein Heilen und seine Gnade und dachte: »Was für ein Käse. Wer das geschrieben hat, hatte wohl keine Ahnung von der Wirklichkeit.« Es fiel mir schwer, überhaupt noch jemandem zu trauen, schon gar nicht Gott. Es gelang mir wunderbar, mich mit einem Schild aus zorniger Distanz von ihm und allen anderen abzuschirmen. Die einzige Person, die ich an mich herankommen ließ, war meine beste Freundin, Karen.

Karen blieb in diesem finsteren Tal bei mir. Sie betete täglich für mich. Sie sprach von Gottes Liebe und dem,

171

was sie sich für meine Zukunft erhoffte. Sie hörte mir zu. Sie weinte mit mir. Sie verurteilte mich nicht. Und sie sagte mir nicht, was ich tun sollte.

In der Zeit unserer Trennung besuchte Doug die Kinder regelmäßig für ein paar Stunden. Sie waren verstört und bekümmert über die Scherben unserer Ehe und unsicher, wie es weitergehen würde. Mitten in dieser Zeit des Jammers setzte ich mich hin und machte Inventur. Dazu gehörte auch eine lange, harte Selbstprüfung. Ich weiß noch, wie ich im Bad auf dem Boden lag und heulte und Gott bat, mich zu verändern. Ich flehte ihn an, mir Kraft zu geben, damit ich mit der schrecklichen Erschöpfung fertig wurde, die meine unermüdlichen Anstrengungen, die Familie zusammenzuhalten, mich kostete.

Ich bat ihn auch, mich von dem ständigen Misstrauen und der Angst, die mich verzehrten, zu heilen. Die Heilung begann, als ich mit Gott ganz ehrlich war und ihm sagte: »Herr, ich traue dir nicht. Aber ich kenne Menschen, die es tun, und ich möchte dir auch trauen.« Tief im Inneren wusste ich, dass Gott der Einzige war, der eine Antwort hatte. Ich bat um seine Kraft, unsere Ehe zu heilen und die Familie wieder zusammenzuführen. Ich dachte, wenn er Tote auferwecken konnte, dann könnte er doch auch meiner Beziehung zu Doug wieder neues Leben schenken. Ich bat um Weisheit, damit ich erkannte, was ich tun sollte. Vor allem wollte ich das Beste für die Kinder.

Nicht lange nach diesem Gebet fing Doug an, bei seinen Besuchen eine Freundin mitzubringen. In derselben Woche fand ich einen Brief, den eine entfernte Cousine an Doug geschrieben hatte. Der Inhalt war persönlich und leicht erotisch. Ich sprach sowohl Doug wie meine Cousine darauf an und wie gewöhnlich wurden die Dinge schöngeredet. Das kannte ich bereits, und im Grunde wusste ich, dass ich nicht die Wahrheit hörte. Als ich den

Hörer auflegte, war mir klar, dass Gottes Hände gebunden waren. Wo Unehrlichkeit herrscht, kann er nicht heilen. Lügen stehen seinen Wundern im Weg.

Allmählich gingen mir die Augen auf, und ich erkannte, dass ich gegenüber Dougs Verhalten absolut machtlos war. Ich reichte die Scheidung ein und beschloss, nicht über Dougs Untreue zu reden. Die Leute fragten, warum ich ihm nicht einmal »einen« Fehler vergeben könnte. Sie meinten wohl alle, wir hätten einen Weg finden können. Ich versuchte, so gut ich konnte, ohne Doug zurechtzukommen, und sperrte meine Schuldgefühle über das Scheidungsbegehren und den Kummer über den Verlust der Familie in ein Kämmerchen. Doch davon ging der Schmerz nicht fort. Es wurde nur noch schlimmer.

Ich führte lange, wütende Gespräche mit Gott. Ich fragte ihn, wo er gewesen war, als mein Mann mich betrog, und warum er mich und die Kinder nicht vor diesem Elend bewahrt hatte. Ich sagte ihm, wie schrecklich verloren ich mir in dieser gottverlassenen Welt vorkam, und fragte mich, welche Bombe er als Nächstes platzen lassen würde.

Die ganze Zeit hörte er mir geduldig zu und schickte mir Zeichen des Segens, die ich durch den Nebel meines Kummers nur schwer erkennen konnte.

Ich war so beschäftigt mit der Ungerechtigkeit, die meinen Kindern und mir widerfahren war, dass Rache eine logische Folge schien. Wenn ich den Mund aufgemacht und alles erzählt hätte, hätte ich Doug vernichten können.

Aber irgendetwas hielt mich zurück.

Genau genommen war es ein Jemand.

Gott sagte mir, ich solle die Verbitterung loslassen. Plötzlich hörte ich überall, wohin ich mich wandte, die Leute von Vergebung reden. Da war die Frau in der *Oprah Winfrey Show*. Ein Lied im Radio. Der Pfarrer in der

Kirche. Meine Freundin am Telefon. Alle hatten sie dieselbe Botschaft: »Vergib.«

»Vergeben?«, rief ich zu Gott. »Unmöglich! Wie kann ich jemandem vergeben, der gar keine Vergebung verdient?«

»Bete.«

»Aber, Gott, ich will nicht für Doug beten. Ich will nicht für seine Nebenfrauen beten. Sie haben mich betrogen. Ich hasse sie!«

»Nicht, wenn du für sie betest.«

Etwa zu der Zeit gab mir Karen ein Buch darüber, wie schwer es ist, wenn man Unrecht leiden muss. Beim Lesen merkte ich, dass ich vor der Wahl stand. Ich konnte meinen Groll und die Bitterkeit entweder weiter nähren oder ich konnte Gott mein Unvermögen bekennen. Ich rang mehrere Monate mit dieser Erkenntnis, bevor ich soweit war, vor Gott zuzugeben, dass ich allein nicht weiterkam. Ich brauchte seine übernatürliche Kraft, um tun zu können, was er von mir verlangte – für die zu beten, die mich betrogen hatten.

Erleichterung überflutete mich, als ich meine Gefühle ganz unzensiert in mein Tagebuch schrieb. Die intimsten Details meines Lebens aufzuschreiben half mir, den Schmerz zu überwinden. In meiner Stillen Zeit las ich von einem Mann namens Hiob, der die Ängste, die ich empfand, in Worte fassen konnte. Ich fand Trost in seiner Geschichte und in der Tatsache, dass Gott in seinem Leben schließlich das letzte Wort hatte. Nicht seine Freunde. Nicht seine Familie. Nicht seine Bekannten. Es erfüllte mich mit Hoffnung, dass Gottes letztes Wort in Hiobs Leben Wiedergutmachung hieß.

Die Ungerechtigkeit, die ich durch die Sexsucht meines Mannes erlitten hatte, hatte mir mein Selbstwertgefühl und meine Würde geraubt. Doch im Rückblick sehe ich, dass die Bitterkeit, an der ich jahrelang festgehalten hatte, mich daran gehindert hat, zu genesen und weiterzugehen. Ein Wendepunkt kam, als ich erkannte, dass ich den Hass in meinem Herzen nicht unkontrolliert weiterglühen lassen durfte.

Ich musste zugeben, dass die Dinge tatsächlich mir passiert waren. Ich war nicht verrückt. Ich musste mich der Wirklichkeit stellen und ihre Ungerechtigkeit betrauern, wenn ich je darüber hinwegkommen wollte. Irgendwann in jener Zeit hörte ich einmal jemanden sagen, wenn wir alle nach dem Motto »Auge um Auge« lebten, dann wäre die ganze Welt blind. Das ließ mich an die vielen Fehler denken, die es auch in meinem Leben gab, und an Gottes grenzenlose Güte und Vergebung. Wie konnte ich nicht vergeben, wenn Gott mir so viel vergeben hatte?

Ich entschied mich ganz bewusst dafür, von Doug und den Frauen, die mich betrogen hatten, nicht mehr Gerechtigkeit zu fordern. Ich fühlte nichts dabei. Aber ich tat, was Gott mir schon Monate früher aufgetragen hatte. Ich betete für sie und gab sie in Gottes Hand. Von jenem Tag an sah ich es nicht mehr als meine Aufgabe, sie zurechtzuweisen oder zahlen zu lassen. Ihr Unrecht mussten sie selbst mit Gott abmachen. Ich hingegen konzentrierte meine Kraft auf mein eigenes Befinden und das Wohlergehen meiner Kinder.

Monate später erhielt ich durch eine eigenartige Verkettung von Umständen die Bestätigung, dass Doug tatsächlich ein Verhältnis mit meiner Cousine gehabt hatte. Aber die Neuigkeit traf mich kaum. Für mich war sie nicht neu. Ich wusste, das war schon Jahre her, und ich hatte mich bereits entschieden, ihnen zu vergeben.

Ich war erstaunt, wie wenig mich die Mitteilung aus der Ruhe brachte. Die Vergebung hatte bereits begonnen, das Gift in meinem Herzen aufzulösen. Ich spürte keinen

Hass. Keine Bitterkeit. Keinen Wunsch nach Rache. Ich war nur traurig für den Mann, der nach außen alles zu haben schien, aber seinen Weg verloren hatte.

Bis heute gibt es immer wieder Momente, wo die Vergangenheit mich einholt und ich das Gefühl habe, ich müsste ersticken. Vergebung kam nicht von allein und fiel nicht leicht. Aber sie kam. Ich lernte, dass sie vom menschlichen Standpunkt aus gesehen oft unmöglich ist. Doch wenn wir Gott mit einbeziehen, dann ist alles möglich. Gott gab mir die Kraft, meine Wut loszulassen.

Nachdem ich Gott gesagt hatte, dass ich bereit sei zu vergeben, war ich auch wieder offen für seinen Heiligen Geist. Ich spürte auf einmal, dass mein Schmerz Gott nicht gleichgültig war, dass er auf meiner Seite stand und sowohl Doug wie auch mich in seinen Händen hielt. Er hat in unserem Leben das letzte Wort. Allmählich hörte ich auf, Gerechtigkeit zu fordern, und erlebte den Frieden, den nur Gott geben kann.

Meine Bereitschaft zu vergeben hat bei Doug nicht viel bewirkt, für die Mädchen und mich war sie jedoch von ganz entscheidender Bedeutung. Wir haben uns damit selbst ein Geschenk gemacht. Wir konnten weitergehen und lassen uns nicht mehr von den Dingen beherrschen, die wir verloren haben. Es gibt ein Leben nach dem Betrug. Und es ist ein gutes Leben, ein Leben, das überströmt von Gottes reichem Segen. Die Geschichte von Hiob ist wahr – ich bin der Beweis dafür!

***

Wenn wir die Ketten, die unsere Seele gefangen halten, lösen wollen . . .

Wenn wir die Würde wiedergewinnen wollen, die uns gestohlen wurde . . .

Wenn wir wollen, dass Gott die Löcher in unserer Seele heilt ...

Wenn wir das Feuer der Rache löschen wollen ...

Wenn wir wollen, dass auch das Allerschlimmste uns zum Guten dient ... dann müssen wir vergeben. So geht Gott vor. Und wenn sein Wille geschieht, dann werden Menschen wieder heil. Es wird Friede. Aus dem Schmerz wird Lob.

Brauchen Sie heute den göttlichen Arzt?

Ein Schlückchen Hoffnung und Humor

Angeber: Ein Kind, das begabter ist als Ihres.

Aua: Das erste Wort eines Kindes, das ältere Geschwister hat.

Familienplanung: Die Kunst, zwischen den Geburten der Kinder so viel Abstand einzuplanen, dass man nicht im finanziellen Ruin endet.

Feedback: Unvermeidliche Folge, wenn das Baby die passierten Möhren nicht mag.

Großeltern: Die Leute, die meinen, Ihre Kinder seien wunderbar, obwohl sie überzeugt sind, dass Sie sie nicht richtig erziehen.

Hochbett: Wo Sie Ihr Kind nie hineinlegen sollten, wenn es seinen Superman-Schlafanzug trägt.

Pfütze: Kleine Wasserlache, die andere kleine Lacher mit trockenen Schuhen anlockt.

Rufname: Was Sie zu Ihrem Kind sagen, wenn Sie wütend sind.

Sterilisieren: Geschieht beim Schnuller des ersten Kindes durch Abkochen, beim Schnuller des Jüngsten, indem man kurz darüber pustet.

Unabhängigkeit: Was wir uns für unsere Kinder wünschen, solange sie dabei alles tun, was wir ihnen sagen.

Vorgeburtlich: Die Zeit, in der Sie noch irgendwie selbst über Ihr Leben bestimmen konnten.

Wer war das: Keines der Kinder aus Ihrem Haus.

***

Vergebung ist keine einmalige Handlung, sondern eine innere Haltung. *Martin Luther King jr.*

Wenn wir Vergebung üben, stellen wir immer deutlicher fest, dass Vergebung und Heilung eins sind.
Agnes Sanford

So zieht nun an als die Auserwählten Gottes, als die Heiligen und Geliebten: herzliches Erbarmen, Freundlichkeit, Demut, Sanftmut, Geduld … Wie der Herr euch vergeben hat, so vergebt auch ihr! Über alles aber zieht an die Liebe, die da ist das Band der Vollkommenheit.
Kolosser 3,12-14

KAPITEL 18

Weihnachtschaos

Frag nicht: »Warum war früher alles besser?«!
Damit zeigst du nur, wie wenig Weisheit du besitzt.
Prediger 7,10; Hfa

Auch als sie schon längst erwachsen war, liebte Jill Weihnachten über alles. Um den ersten Dezember herum wurde sie wieder zum Kind und konnte ihre Freude und Begeisterung kaum für sich behalten. Die Feiertage waren geprägt von Traditionen. Das Größte war der Besuch am Heiligabend bei Jills Familie am anderen Ende der Stadt. Es war das größte Ereignis des Jahres. Ob das eigene Haus dekoriert war oder nicht oder noch ein Dutzend Dinge unerledigt blieben, spielte keine Rolle. Im Haus von Oma und Opa war etwas los und niemand, der einigermaßen bei Sinnen war, ließ sich das entgehen. Dort war auch die Bescherung. Wenn man also nicht bei ihnen aufkreuzte, hatte man wirklich etwas verpasst.

Und das Essen. Da lief einem nur so das Wasser im Mund zusammen. Jedes Jahr brachte Oma einen köstlichen Schinken auf den Tisch, dazu ihren berühmten Kartoffelsalat und, natürlich, die selbst eingemachten grünen Dillbohnen. Die waren so delikat, dass Freunde und Verwandte von nah und fern sie gern bekamen. Und der Nachtisch? So viele leckere, frisch gebackene und sorgfältig verzierte Plätzchen hat man kaum einmal unter einem Dach gesehen. Oma und die Frauen der Familie veranstalteten jedes Jahr einen Plätzchen-Backtag und für die Dekorationen entwickelten sie geradezu künstlerische Züge.

Während der Feiertage lag ein regelrechter Zauber über dem ganzen Haus. Es war mehr als nur die festliche Dekoration. Mehr als die Leuchtketten, die in den Bäumen hingen und vor dem dunklen Wald wie Diamanten funkelten. Mehr als der sorgfältig aufgehängte Weihnachtsschmuck, der Erinnerungen an vergangene Tage heraufbeschwor. Der Zauber rührte von der Liebe her, die einen mit ganzer Kraft überströmte, sobald man zur Tür hereinkam. Sie war so echt, dass man meinte, man könnte sie mit Händen greifen. Sorgen verschwanden und die ganze Welt schien in Ordnung, wenn man am Heiligabend bei Oma und Opa sein konnte.

Und nun Weihnachten 1983. Das Jahr war für Jill, ihren Mann Theo und die Kinder nicht leicht gewesen. Privat wie beruflich hatten sie manchen Sturm bestehen müssen. Kurz, Jill war zu Tode erschöpft, und es fiel ihr schwer, in Weihnachtsstimmung zu kommen. Sie zögerte das Dekorieren und die Weihnachtseinkäufe bis zum letzten Moment hinaus, und auch dann tat sie es nur halbherzig. Aber sie dachte: »Wenn ich am Heiligen Abend nur zu Mama und Papa kann, dann wird alles gut.«

Der 24. Dezember dämmerte herauf, und vom Himmel fielen sacht schöne, pfenniggroße weiße Flocken. »Herrlich!«, entfuhr es Jill, »jetzt gibt es weiße Weihnachten!« Doch gegen drei Uhr nachmittags war aus dem sanften Wirbeln ein hässlicher Schneesturm geworden. Die Straßen waren heimtückisch, und die Nachrichtensprecher rieten den Leuten, sich nur hinauszuwagen, wenn es unbedingt sein musste. Fernsehbilder zeigten, wie alles in der Stadt zum Stillstand gekommen war.

Aber um nichts in der Welt wollten Jill, Theo und die Kinder den Heiligen Abend bei Oma und Opa verpassen. Jill rief ihren Vater an, um sich nach den Straßenverhältnissen am anderen Ende der Stadt zu erkundigen. »Es ist glatt, Schatz, aber wenn ihr vorsichtig fahrt, denke ich, wird es gehen«, meinte er.

Entschlossen machten sie sich auf den Weg. Sie beluden das Auto bis unter das Dach mit Geschenken, und die Jungs quetschten sich auf den Rücksitz. Den Ältesten mussten sie noch von der Arbeit abholen. Doch bis sie dort ankamen, war klar, dass es völlig unmöglich sein würde, ans andere Ende der Stadt zu gelangen. Die Straßen waren spiegelglatt und die Sicht war so gut wie null, da der Wind ständig den nassen Schnee auf die Scheibe wehte. Theo verkündete: »Bei diesem Wetter fahren wir nicht. Wir werden Heiligabend eben zu Hause verbringen.«

Er wendete den Wagen und mit fünf Kilometern pro Stunde (auf den geraden Strecken) krochen sie nach Hause, während Jill unablässig vor sich hin jammerte: »Das wird mir ein schönes Fest werden. Wir haben nicht mal was zu essen im Haus! Ich habe kein einziges Plätzchen gebacken!«

»Jungs, schaut euch nach einem Restaurant um, wo wir etwas zu essen besorgen können«, erwiderte Theo.

Wegen der Feiertage und des Schneesturms war fast überall geschlossen. Schließlich rief Ted vom Rücksitz: »Papa, da vorne ist was offen!«

Jill warf einen Blick auf das Pizza-Restaurant und verdrehte die Augen. »Pizza? Zu Weihnachten? Ihr spinnt wohl!«

Theo war mit seiner Geduld inzwischen fast am Ende. Ruhig sagte er: »Lieber eine Pizza als gar nichts. Wir halten an.«

Widerstrebend kämpfte sich die Truppe einen Weg durch den Schnee und stampfte sich drinnen erst einmal den Matsch von den Schuhen. Irgendwo zwischen Auto und Theke änderten Jills Gedanken ihre Richtung ... zum Guten. »Nun komm schon«, redete sie sich zu. »So schlimm ist es doch gar nicht. Versuch das Beste draus zu machen.«

Mit zwei warmen Pizzakartons in der Hand trotzte die Familie noch einmal den Elementen. Die Straßen waren erschreckend rutschig, und sie waren froh, als sie ohne Zwischenfälle zu Hause ankamen. Als sich das Garagentor endlich hinter ihnen geschlossen hatte, stießen sie alle einen Seufzer der Erleichterung aus.

Gerade als sie zur Hintertür hereinkamen, ging das Telefon. Opa war dran und sagte: »Versucht bloß nicht herzukommen! Die Straßen sind viel zu gefährlich!«

Theo zündete im Kamin ein Feuer an und schon bald war es im Wohnzimmer gemütlich warm. Sie genossen die improvisierte Mahlzeit mit der Pizza. Bei der Bescherung strömte Weihnachtsmusik durchs Haus. Als sie den Bericht von der Geburt Jesu lasen, spürte Jill etwas vom Geist Gottes und begann das Miteinander zu genießen. Ihr wurde auf einmal bewusst, dass ihre Söhne nicht mehr lange zu Hause sein würden und dass dieser Abend ein Geschenk war. Ja, in ein paar Jahren würde sie womöglich selbst Großmutter sein und dann würden alle am Heiligen Abend zu ihr kommen.

Und tatsächlich, nach der berüchtigten »Pizza-Weihnacht« wurde wirklich alles anders. Bevor Jill und Theo nur mit den Augen zwinkern konnten, brachten alle drei Söhne nette »Töchter« ins Haus. Die Familie unternahm auch weiterhin die alljährliche Reise ans andere Ende der Stadt, um mit Oma und Opa den Heiligen Abend zu feiern. Bis dann die ersten beiden Enkel kamen, Olivia und

Emma. Ab da wurde die Familienfeier bei Jill und Theo durchgeführt und am ersten Weihnachtstag stießen Oma und Opa dazu.

Jill schlüpfte problemlos in die Rolle der Oma. Wie ihre Mutter dekorierte sie nun das Haus von oben bis unten und kaufte ein, was das Zeug hielt. Der große Tisch im Esszimmer wurde mit dem feinsten Porzellan und Silber gedeckt. Es sah aus wie aus dem Hochglanz-Magazin, bis zu dem unauffälligen Hochstuhl und dem Kindersitz für die Kleinen. Zum Essen gab es Kassler mit allem, was dazugehört, eingemachte Bohnen von der Uroma, Unmengen von Nachtisch, Popcorn für die Kinder und vieles mehr. Es war zwar ein bisschen eng im Zimmer, aber es sah toll aus. Und man blieb auch gern die halbe Nacht auf, um das gute Geschirr zu spülen, damit Oma und Opa am nächsten Tag genauso stilvoll essen konnten.

Die Jahre gingen dahin, und zwei weitere Enkeltöchter und Zwillingssöhne kamen zur Familie. Am Heiligabend wurde es jetzt etwas komplizierter. Die jungen Mütter wärmten Fläschchen oder stillten ihre Babys. Die Kleinen krabbelten hin und her und griffen nach allem, was sie in die Finger bekommen konnten, auch Jills Porzellanfigürchen. Jill und die jungen Mütter verbrachten die meiste Zeit damit, den Weihnachtsschmuck zu bewachen, der so unwiderstehlich aussah, für die kleinen Finger und Münder aber auch gefährlich war.

Es galt Windeln zu wechseln, Lätzchen umzubinden und schreiende Babys zu halten. Das Esszimmer war völlig überladen mit den diversen Hochstühlchen, Sitzen und Kindertischchen samt passenden Stühlchen. Wenn alle saßen, konnte sich keiner mehr vom Fleck rühren. Trotzdem klappte es nie, dass alle zur gleichen Zeit aßen.

Am Heiligabend des Jahres 1997, als die Feierlichkeiten vorüber waren und es still im Haus wurde, stellten Jill und

Theo fest, dass sie völlig versäumt hatten, die Weihnachtsgeschichte vorzulesen. Das Auspacken der Geschenke hatte so lange gedauert und die Kleinen, voll gestopft mit Weihnachtsplätzchen, hatten der Feier ein ganz neues Gepräge gegeben. Irgendwo auf der Welt hatte ja vielleicht »Friede auf Erden« geherrscht, aber bei ihnen nicht!

Am nächsten Morgen saß Jill zwischen Bergen von zerknittertem Geschenkpapier und zerrissenen Bändern und fragte sich: »Was ist passiert?« Sie war froh, dass ihre Eltern den Tag bei ihrem Bruder verbrachten. Theo versicherte ihr, dass sie nicht dabei sei, den Verstand zu verlieren. Sie war einfach müde. Sie hatte versucht, zu viel zu schaffen, ohne dass der Rest der Familie geholfen hätte. Nicht, dass sie es nicht angeboten hätten, aber Jill wollte ihnen keine zusätzliche Mühe machen und hatte gemeint, sie käme schon allein zurecht.

Das neue Jahr hatte schon angefangen, als Jill nach viel Überlegen zu einer neuen (geradezu revolutionären) Erkenntnis kam: »Traditionen sind nicht in Stein gemeißelt.« Sie beschloss, dass ein wenig Flexibilität nicht schaden würde. Sie redete mit den Kindern und fragte sie, was ihnen an den Feiertagen gefiel und was nicht. Mit Gottes Hilfe gelang es ihr, ihre unrealistischen Erwartungen aufzugeben und sogar ein paar Familienbräuche loszulassen. Im Gespräch entwickelten sie ein neues Szenario.

Heiligabend sollte anders aussehen. In Zukunft würde es ein Buffet geben und jeder würde etwas dazu beisteuern. Außerdem gab es Pappteller. (Das feine Porzellan blieb bis zum ersten Weihnachtstag im Schrank, wenn Oma und Opa kamen.) Die Schwiegertöchter würden ein paar Plätzchenrezepte beisteuern. Jeder konnte essen, was er wollte, wo er wollte und wann er wollte. Die Geschenke wurden zu Beginn des Abends geöffnet, damit die Kinder beschäftigt waren. Die Erwachsenen würden in der Zeit um den Kamin sitzen, Weihnachtslieder singen und ein paar Spiele machen. Dann würde Theo seine abgegriffene Bibel hervorholen und, wie es Tradition war, die Weihnachtsgeschichte aus dem Lukasevangelium vorlesen.

Um es kurz zu machen: Der Heiligabend bei den Johnsons wurde ein voller Erfolg. Auch wenn sich der gewohnte Ablauf etwas geändert hatte, die wichtigsten Elemente waren beibehalten worden. Die ganze Familie war zusammen; die Weihnachtsgeschichte war ein zentraler Punkt; das Essen war hervorragend und auch der Weihnachtsmann brachte seinen Sack vorbei. Es war ein fröhlicher, lustiger Abend und allen gefiel es bei Opa Theo und Oma Jill. Die Flexibilität hatte sich ausgezahlt.

Wie sieht es bei Ihnen aus? Sind die Feiertage bei Ihnen festlich und fröhlich oder überladen und stressig? Probieren Sie doch einmal Jills Rezept für müde Frauen, die unter dem Weihnachtschaos leiden. Werfen Sie zusammen mit der Familie einen Blick auf die Bräuche, die Sie Ihrer Meinung nach beibehalten sollten. Überlegen Sie, was Sie ändern könnten und ob mehr Hände nicht weniger Arbeit bedeuten.

Flexibilität kann Frieden schaffen.

Der Erfolg wird nicht ausbleiben.

Ein Schlückchen Hoffnung und Humor

Frage: Was wäre passiert, wenn die drei Weisen aus dem Morgenland keine Männer, sondern weise Frauen gewesen wären?

Antwort: Sie hätten nach dem Weg gefragt, wären pünktlich angekommen, hätten bei der Geburt geholfen, den Stall geputzt, einen Topf Suppe gekocht und ein paar praktische Geschenke mitgebracht.

Besser biegen als zerbrechen.

Jedes Mal, wenn wir Gott andere durch uns hindurch lieben lassen, ist Weihnachten ... ja, es wird jedes Mal Weihnachten, wenn wir unserem Bruder zulächeln und ihm unsere Hand reichen. *Mutter Teresa von Kalkutta*

Einmal im Jahr, und nur einmal, steht die ganze Welt still, um die Ankunft des Lebens zu feiern. Nur an Jesus wird weltweit und immer wieder auf diese Weise gedacht.

Weihnachten ist kein Datum im Kalender. Es ist ein Geisteszustand. *Mary Ellen Chase*

Such die Veränderung. Wer sich nicht mehr verändern kann, der ist nicht mehr. *Bruce Barton*

KAPITEL 19

Gottes Mathematik

Wahrlich, ich sage euch: Was ihr getan habt einem von diesen meinen geringsten Brüdern, das habt ihr mir getan.
Matthäus 25,40

Seit Jahren nahmen Julie und Tim Bowman Pflegekinder von kranken oder drogenabhängigen Eltern auf. Die kleine Sandra war eines von vielen, das in ihrem Leben unauslöschliche Spuren hinterließ.

Sandra war durch den Alkoholmissbrauch ihrer Mutter während der Schwangerschaft extrem geschädigt. Der Arzt, der das Baby zur Welt brachte, sagte, selbst das Fruchtwasser habe nach Alkohol gerochen. In den ersten Monaten weinte Sandra ununterbrochen. Aber Julie und ihre Familie pflegten die Kleine liebevoll gesund. Und sechs Monate später meldete sich eine fantastische, stabile Familie, um Sandra zu adoptieren.

Es kam der Tag, an dem Sandra von ihren neuen Eltern abgeholt wurde. Die Adoptiveltern wollten gerade gehen, als Sandras zukünftiger Vater seinen Rollstuhl noch einmal anhielt, sich umdrehte und Julie eine Kassette überreichte, auf die er seine Lieblingslieder überspielt hatte. Er wusste, dass es Julie und ihrer Familie schwer fiel, Sandra Lebewohl zu sagen, und wollte sie damit etwas aufmuntern. Der Mann hatte offensichtlich selbst genug Probleme; doch die Musik, so sagte er, mache ihn glücklich.

Die Familie fuhr mit Sandra davon und Julie ging zurück ins Haus, wo ihre Töchter Katie und Karissa sich gerade ein paar Tränen abwischten. Sie hatten Sandra sechs Monate lang Tag und Nacht mit all ihrer Liebe umgeben, und es war nicht leicht, sie nun einfach herzugeben. Julie hielt den Mädchen vor Augen, was für ein Vorrecht es war, dazu beizutragen, dass aus einem ausgesetzten, drogenabhängigen, kranken Baby ein pralles, gesundes, glückliches Kind werden konnte, das nun Eltern hatte, die sich freuten, ihm ein Zuhause zu bieten.

Am nächsten Tag erhielt Julie ganz unerwartet einen Anruf vom örtlichen Pflegeheim. Man fragte, ob sie ein Neugeborenes aufnehmen könnte, das auf ihrer Türschwelle ausgesetzt worden war. Julie war sich unschlüssig. Am Abend vorher hatten Tim und sie beschlossen, nach Sandra erst einmal eine Pause einzulegen. Doch was bedeutete schon ihr Wunsch nach Ruhe angesichts der Not eines kleinen Jungen, der ein Zuhause brauchte. Sie sagte zu. Mit Tim würde sie später sprechen.

Als Tim gegen sechs Uhr nach Hause kam, badete Julie im Spülbecken einen kleinen Säugling mit dichtem schwarzen Haar. Er konnte auf den ersten Blick erkennen, dass das Baby schon seit Tagen keine Begegnung mit Wasser und Seife gehabt hatte. Er lehnte sich an den Schrank und hörte sich die Geschichte des Überraschungsgastes an. Der kleine Junge war wohl etwa zwei Monate alt. Wie Julie schloss auch Tim den namen- und heimatlosen Kleinen sofort ins Herz. Ja, die ganzen Umstände erinnerten ihn an ein anderes Baby, das auch einmal ohne Familie und Freunde dastand. »Wie wär's, wenn wir ihn Mose nennen, weil sie ihn im Waisenhaus auf der Schwelle gefunden haben?«, schlug er vor.

Die Mädchen waren einverstanden. Katie schoss ein Foto und im Lauf des Abends hielt die ganze Familie Baby Mose abwechselnd im Arm.

Am nächsten Morgen sah Julie nach dem schlafenden Kind und fand es in friedlichem Schlummer. Am Samstag war Hausarbeit angesagt und alle waren beschäftigt. Die Mädchen widmeten sich ihren Pflichten und fragten dann, ob sie einkaufen gehen dürften. Julie hatte selbst Verschiedenes zu besorgen, deshalb suchte sie noch schnell ein paar Sachen für die Wickeltasche zusammen und ging dann hinauf, um Mose zu holen. Doch als sie ihn hochnahm, fiel sein Kinn herunter und er schreckte auch nicht zusammen, wie Babys es normalerweise tun. Sie kitzelte ihn, um ihn sanft zu wecken, aber er zeigte keine Reaktionen. Ihr Herz raste, als sie in die Küche stürzte, wo die Kinder vor dem Fernseher saßen, und schrie: »Holt Daddy! Das Baby ist tot!« Dann wählte sie den Notruf.

Tim kam ins Haus gerannt, wusch sich die Hände und begann mit Wiederbelebungsversuchen. Moses Gesichtsfarbe war gut. Er sah aus, als würde er einfach schlafen. Tim bemühte sich fieberhaft. Plötzlich begann das Baby blutigen Schleim auszuspucken. Als Tim ihm mit den Fingern den Mund auswischte, kam Julie auf einmal ein schrecklicher Gedanke. War Mose womöglich HIV-positiv? Im Pflegeheim hatte man keine Ahnung gehabt, woher das Baby kam, und natürlich auch nicht, welche Krankheiten es hatte.

Der Notdienst kam und nahm sich Moses an. Die Fragen kamen wie aus der Pistole geschossen.

»Wie alt ist das Baby?«

»Das wissen wir nicht.«

»Wie heißt es?«

»Das wissen wir nicht. Wir nennen es Mose. Wir haben

ihn erst gestern Abend aus dem Heim geholt. Er ist ein Pflegekind.«

Dann läutete die Polizei. Die Beamten wollten das Bettchen sehen. Es kamen weitere anklagende Fragen. Schließlich übermittelte einer der Beamten seinen Bericht und Julie hörte ihn sagen: »Es sieht nicht so aus, als gäbe es hier irgendwelche Verdachtsmomente.«

»Verdachtsmomente?«, wunderte sie sich. »Was meint er damit? Bei uns gibt es keine Verdachtsmomente. Bei uns sterben keine Babys!«

Es war fast zu viel für Julie. Die Retter versuchten immer noch hektisch, Mose wieder zu beleben. Katie und Karissa weinten. Auch einer der Polizeibeamten wischte sich eine Träne aus den Augen. Er war noch nie zu einem plötzlichen Kindstod gerufen worden.

Die Rettungshelfer versuchten alles, aber Mose rührte sich nicht. Julie fuhr hinter der Ambulanz zum Krankenhaus, während Tim bei den Mädchen zu Hause blieb. Im Krankenhaus wurde sie von einer Schwester in ein Wartezimmer geführt. Ein paar Minuten später kam ein Arzt und drückte sein Beileid aus. Baby Mose war tot, ein Opfer des plötzlichen Kindstods.

Obwohl Julie den kleinen Jungen kaum vierundzwanzig Stunden gekannt hatte, weinte sie nun, als sei er ihr eigenes Kind gewesen. Die Schwester erlaubte ihr, noch einen Moment bei Mose zu bleiben. Ein letztes Mal fuhr sie mit den Fingern durch sein langes schwarzes Haar. Sie sah, dass seine Haut während der Fahrt ins Krankenhaus eine andere Farbe angenommen hatte. Wahrscheinlich war er erst wenige Sekunden tot gewesen, als sie ihn aus dem Bettchen hob.

Auf dem Heimweg schossen ihr die verschiedensten Fragen durch den Kopf. »Warum musste das passieren? Was ist mit Tim? Hat er sich angesteckt? Hätten wir Mose im Heim lassen sollen? War es falsch, ihn zu uns nach Hause zu holen? Sollen wir überhaupt noch Kinder aufnehmen?«

Zu Hause teilte sie der Familie die traurige Nachricht mit. Dann ließ sie sich ein warmes Bad einlaufen und schnappte sich ihren Kassettenrekorder und die erstbeste Kassette. Sie wollte niemanden mehr sehen. Es war das Band, das Sandras Vater am Vortag dagelassen hatte. Sie glitt in die wohltuende Wärme des Wassers und hörte die Worte des alten Liedes: »Wenn Friede mit Gott meine Seele erfüllt ...« Sie betete um diesen Frieden.

Am nächsten Tag sprachen sie mit vielen Ärzten über die Möglichkeit einer Ansteckung mit Aids. Alle waren sich einig, dass Tim einen Spezialisten aufsuchen sollte, der ihm zu einer Globulinimpfung gegen Hepatitis riet. Sie warteten auf den Autopsiebericht, damit sie endlich wussten, ob Baby Mose tatsächlich Aids gehabt hatte, aber anscheinend durfte niemand etwas sagen. »Wer war dieses Baby?«, fragte sich Julie.

Wieder überlegte sie, ob Tim und sie wirklich Pflegekinder aufnehmen sollten. Die Angst griff nach ihrer Seele. Als die Tage vergingen und noch immer kein Bescheid kam, hatte sie das Gefühl, sie stünde am Rande des Wahnsinns. Neben der Trauer über Moses Tod hatte sie Schuldgefühle, weil sie die Familie in diese Situation gebracht hatte. »Hätte ich dem Heim doch bloß nein gesagt ... Wäre ich doch nur dabei geblieben, dass wir eine Pause machen wollen ... Hätte ich sie doch eine andere Familie suchen lassen.« Voller Verzweiflung schrie sie zu Gott und bat ihn um Kraft und Stärke.

Ein paar Tage später kam Carol, die Sozialarbeiterin, vorbei, um Tim und Julie ein paar Auskünfte über den geheimnisvollen kleinen Jungen zu geben, der so kurze Zeit ihr Gast gewesen war. »Die Polizei hat herausgefunden, wer seine Eltern waren«, berichtete sie. »Wir wissen jetzt, dass er Mose hieß.«

Verdutzt sahen Tim und Julie sich an. Zufall? Nein, Julie wusste es besser. Sofort war ihr klar, dass Gott mit ihr und ihrer Familie war und dass es kein Fehler gewesen war, das Baby aufzunehmen. Die Feststellung, dass sie dem Kind seinen richtigen Namen gegeben hatten, war der Lichtstrahl, um den Julie in ihrer Finsternis gebeten hatte. Plötzlich konnte sie den größeren Zusammenhang sehen. Gott hatte die Dinge so gefügt, dass der kleine Mose seine letzte Nacht auf dieser Erde in einer Umgebung verleben konnte, wo er mit Aufmerksamkeit überschüttet, von liebenden Gesichtern und eifrigen Armen umsorgt wurde und umhegt von der Liebe einer Familie, die ihn sogar beim Namen nannte. Julie und Tim hatten das Vorrecht gehabt, die letzte Station auf Moses Weg in den Himmel zu sein.

Mose bedeutet: »der herausgezogen wurde«, und genauso war es gewesen. Zuerst von der kalten Türschwelle des Heims, dann aus seinem zarten Körper.

Auch Julie war »herausgezogen« worden – aus ihren Ängsten und Schuldgefühlen, der Unsicherheit und Qual. Mose war nicht das erste Kind, das der Familie Kummer bereitet hatte. Das Dasein als Pflegeeltern hatte seinen Preis. Aber zum ersten Mal ging ihr auf, dass es nicht so sehr darauf ankam, wie das Ergebnis aussah, sondern vielmehr darauf, dass sie Gottes Ruf gehorchten.

Wochen verstrichen. Schließlich erfuhren Tim und Julie von den Behörden, dass Mose nach allen medizinischen Berichten nicht HIV-positiv gewesen war. Und als aus dem Heim der nächste Anruf kam, da erwiderte Julie natürlich sofort: »Ja, sicher, wir nehmen ihn. Wann können wir ihn holen?«

***

Wir hätten Tim und Julie sicher keine Vorwürfe gemacht, wenn sie sich nach einem so traumatischen Ereignis entschlossen hätten, keine Pflegekinder mehr aufzunehmen. Es ist eine ganz natürliche Reaktion, dass man sich zurückzieht, um sich weiteren Kummer zu ersparen. Aber die praktizierte Nächstenliebe dieser Familie ist außergewöhnlich. Sie ist getrieben vom Geist und bevollmächtigt von Gott. Lesen wir einmal, was die Bibel dazu sagt:

Gebt den Hungrigen zu essen, nehmt Obdachlose bei euch auf, und wenn ihr einem begegnet, der in Lumpen herumläuft, gebt ihm Kleider! Helft, wo ihr könnt, und verschließt eure Augen nicht vor den Nöten eurer Mitmenschen!

Dann wird mein Licht eure Dunkelheit vertreiben wie die Morgensonne und in kurzer Zeit sind eure Wunden geheilt. Eure barmherzigen Taten gehen vor euch her, meine Macht und Herrlichkeit beschließt euren Zug. Wenn ihr dann zu mir ruft, werde ich euch antworten. Wenn ihr um Hilfe schreit, werde ich sagen: »Ja, hier bin ich.« …

Immer werde ich euch führen. Auch in der Wüste werde ich euch versorgen, ich gebe euch Gesundheit und Kraft. Ihr gleicht einem gut bewässerten Garten und einer Quelle, die nie versiegt.
(Jesaja 58,7-9+11; Hfa)

Darum stimmte Moses plötzlicher Tod Tim und Julie nicht um. Wenn wir das tun, was unseren Gaben und unserem Auftrag entspricht, dann empfangen wir, indem wir weggeben. Wir bekommen neue Kraft, indem wir uns verausgaben. Und wir können erleben, wie Gott mit seiner Kraft da einspringt, wo Menschen versagen.

Je mehr wir geben, desto mehr haben wir zu geben. Das ist Gottes Mathematik. Wie eine Quelle, die nie versiegt. Darum fließen vom Haus der Bowmans auch heute noch Ströme des Segens aus. Seit dem Tod des kleinen Mose sind in den liebenden Armen von Tim und Julie und ihren Töchtern noch Dutzende bedürftiger Babys gesund gepflegt worden.

Was ist in Ihrem Becher? Haben Sie Zeit, Gaben oder Mittel, die Sie mit anderen teilen können? Warum probieren Sie es nicht einmal aus und lassen jemanden einen Schluck nehmen, der heute Ihre Hilfe braucht? Wenn Gott uns einschenkt, dann haben wir immer mehr als genug zum Weitergeben.

Ein Schlückchen Hoffnung und Humor

Eine Frau machte mit ihrem neuen BMW eine kleine abendliche Ausfahrt. Sie hatte das Verdeck heruntergeklappt, der Wind spielte in ihrem Haar und sie beschloss, einmal richtig aufzudrehen.

Die Tachonadel stieg auf 120, 140, dann 160 Kilometer. Plötzlich sah sie hinter sich ein blaues Blinklicht. Seufzend fuhr sie an den Straßenrand.

Der Polizist kam näher, bat sie um ihre Papiere und sah sich den Führerschein und dann auch das Auto an. »Hören Sie«, sagte er mit müder Stimme. »Ich hatte einen langen Tag. Gleich ist meine Schicht zu Ende und außerdem ist Freitag. Ich habe keine Lust, mir jetzt noch irgendwelchen Bürokram aufzuhalsen. Wenn Sie eine gute Ausrede haben, die ich noch nie gehört habe, dann lasse ich Sie weiterfahren.«

Die Frau überlegte einen Augenblick. Dann sah sie den Polizisten mit einem Lächeln an und sagte: »Letzte Woche ist mein Mann mit einer Ihrer Kolleginnen durchgebrannt, und ich dachte, Sie wollten ihn mir zurückbringen.«

Der Polizist reichte ihr die Papiere, ging zu seinem Auto und wünschte ihr ein schönes Wochenende.

Was zählt, ist nicht mein Können, sondern wie ich auf Gottes Können reagiere. *Corrie ten Boom*

Man kann etwas schenken, ohne zu lieben, aber man kann nicht lieben, ohne zu schenken. *Amy Carmichael*

Glücklich sind, die erkennen, wie arm sie vor Gott sind, denn Gottes Herrschaft und Herrlichkeit gehören ihnen.
Matthäus 5,2; Hfa

Das Geschehene akzeptieren ist immer der erste Schritt, um die Folgen eines Unglücks zu überwinden.
William James

KAPITEL 20

Gottes Uhrzeiger

Deshalb bin ich auch ganz sicher, dass Gott sein Werk,
das er bei euch durch den Glauben begonnen hat,
zu Ende führen wird, bis zu dem Tag,
an dem Jesus Christus wiederkommt!
Philipper 1,6; Hfa

Julee zwinkert und ein Lächeln zieht über ihr Gesicht. »Pam, das sind die kleinen Freuden, die mich am Leben halten«, sagt sie. Sie hat gerade ein paar Sachen auf ihrem Schreibtisch durchwühlt und zeigt jetzt auf einen Stapel Fotos. Es sind Hochzeitsbilder, die erst vor einer Woche bei der Hochzeit ihrer Tochter Merry mit Nicholas aufgenommen wurden.

Keiner würde beim Betrachten der Bilder vermuten, dass die gesamte Hochzeit innerhalb von nur drei Wochen geplant wurde. Von der herrlichen Dekoration in der Kirche über die so fein aufeinander abgestimmten Beiträge während der Feier bis hin zur festlichen Atmosphäre beim Empfang könnte man meinen, die Familie hätte sich mindestens ein Jahr lang auf das große Ereignis vorbereitet.

Aber Julee und ihre Familie hatten kein Jahr Zeit. Erst vor kurzem hat ein Radiologe Julee und ihrem Mann Bill gesagt, dass die Zeit knapp wird. Der Tumor, der nun schon sieben Jahre in ihrem Gehirn sitzt, breitet sich wieder aus, und zwar ziemlich schnell. »Wenn Sie bei der Hochzeit Ihrer Tochter noch dabei sein wollen«, hat der Arzt gemeint, »dann sorgen Sie dafür, dass sie bald stattfindet.«

Drei Wochen später versammelten sich vierhundert Leute, ohne dass eine einzige Einladung verschickt worden wäre, um die Verbindung des hübschen jungen Paars zu feiern – und einer Frau Anerkennung zu zollen, die nach Gottes Uhrzeiger lebt.

Noch eine Familiengeschichte mit tragischem Ausgang? Nein, ganz und gar nicht! Ich will Ihnen die Geschichte erzählen. Ich möchte Sie mitnehmen in Julees Wohnzimmer – nicht zum Klagen, sondern damit Sie in den Augen dieser Frau etwas entdecken, was viel größer ist als die Lebensspanne, die uns hier zur Verfügung steht, und etwas davon spüren, was Gnade heißt.

***

»Pam, tut mir Leid, aber ich muss die Augen zumachen, wenn ich mit dir spreche«, sagt Julee und lehnt sich zurück in die Kissen. »Wenn ich dich ansehe, wird mir schlecht.«

Das ist eine von Julees typischen Wortspielereien. Sie kichert und ich lache mit, obwohl die Übelkeit, die vom Druck des Tumors auf ihren Sehnerv ausgelöst wird, wirklich nicht zum Lachen ist. Doch wie üblich ist es auch heute wieder nicht die Therapeutin, sondern die Patientin, deren Sinn für Humor so tröstlich und heilsam ist.

Julee und Bill sind seit sechsundzwanzig Jahren verheiratet. Sie waren bei Freunden zum Grillen eingeladen, als es zwischen ihnen funkte. Bill war gerade aus Vietnam zurückgekommen, und Julee war eine hinreißende Blondine mit strahlend blauen Augen, die ihn sofort in ihren Bann zog. Neun Monate später waren sie Mann und Frau.

Bill arbeitete in der Druckindustrie, und beide erfreuten sich an ihren Kindern Levi und Merry. Über Jahre hinweg hatten sie keine anderen Sorgen als die, die das normale Familienleben so mit sich bringt, und auch davon nicht allzu viele. Ja, Bill und Julee schienen vom Glück geradezu begünstigt. Doch dann, vor sieben Jahren, kam der Moment, wo Julee im Sprechzimmer ihres Augenarztes saß. Und aufgrund eines einzigen Wortes hörten sie, zum ersten Mal, wie sie sagen, dass der Sekundenzeiger auf Gottes Uhr auch für sie tickt.

***

»Ein Tumor? Wie meinen Sie das?«, fragte Julee eher verdutzt als erschrocken. »Was soll ich mit einem Tumor? Die kommen doch nur in den Geschichten im *Readers Digest* vor.« Aber sie hatte sich schon seit ein paar Monaten nicht wohl gefühlt. Da waren die Kopfschmerzen, Augenblicke der Orientierungslosigkeit, einmal war sie unter der Dusche ohnmächtig geworden. Eine Krankenschwester hatte gemeint, sie hätte vielleicht etwas Fieber, und hatte ihr ein Antibiotikum gegeben.

Als der Arzt ihr die Gründe für seine Vermutung auseinander legte, erwiderte sie mit dem für sie typischen Humor: »Herr Doktor, ein Gehirntumor ist so ziemlich das Letzte, was mir durch den Kopf gegangen wäre!«

Der Untersuchung folgte eine Computertomographie. Die Ergebnisse zeigten einen Tumor in der vorderen rechten Hirnhälfte, etwa dreiviertel so groß wie ein Tennisball. Am nächsten Tag ging Julee zum Neurochirurgen. »Ich dachte, ich käme in eine große Praxis zu einem älteren, weißhaarigen Mann«, erzählte sie. »Weißt du, so einem, dem die langjährige Erfahrung tiefe Falten ins Gesicht gegraben hat. Stattdessen empfing mich ein junger

Doktor aus den Südstaaten mit dem typischen lang gezogenen, näselnden Akzent.«

Trotz seiner schleppenden Aussprache war der Arzt offen und direkt. »Frau Myers, dieses Ding wird Sie umbringen«, sagte er. »Ich kann höchstens versuchen, es etwas aufzuhalten. Wir müssen Ihr Gehirn röntgen und eine Exstirpation am rechten vorderen Teil vornehmen. Sie dürfen nach der Operation nicht nach Hause. Es kann sein, dass Sie nach der Operation niemanden erkennen. Es kann auch sein, dass Sie nicht mehr sprechen können und linksseitig gelähmt sind. Das Einzige, was ich Ihnen garantieren kann, ist, dass Sie die beiden größten blauen Augen haben werden, die Sie je gesehen haben.«

Eine Woche später wachte Julee nach sechsstündiger Operation im Ruhezimmer auf. Als sie langsam die Augen öffnete und versuchte, sich umzusehen, erkannte sie eine Reihe Gesichter, die sich über sie beugten und fragten: »Julee, können Sie mich hören?« – »Julee, können Sie sich bewegen?« – »Julee, können Sie sprechen?«

Zum großen Erstaunen der Ärzte konnte Julee alles. Ja, es zeigte sich schon bald, dass sie keine Lähmung hatte, keinen Gedächtnisverlust, keine Persönlichkeitsveränderung – der chirurgische Eingriff hatte keinerlei Schäden hinterlassen. Als der Neurochirurg hereinkam, warf er einen Blick auf Julee und plusterte sich auf wie eine alte Henne. »Frau Myers! Wo sind die blauen Augen?«

Julee schaute neben dem Bett, unter dem Kissen, unter der Decke nach und zuckte dann die Achseln. »Oh, du liebe Zeit«, jammerte sie. »Herr Doktor, hab ich irgendetwas falsch gemacht?«

»Nein, nein«, versicherte er.

»Puh!«, parierte Julee. »Muss ich mir nicht mehr den Kopf zerbrechen?«

Die Behandlung des Arztes war jedoch noch nicht zu Ende. »Frau Myers, ich werde Ihnen Bestrahlungen verordnen, damit der Tumor abgetötet wird«, erklärte er. »Die schlechte Nachricht ist, dass dabei auch die Haarwurzeln abgetötet werden und Ihr Haar nicht mehr nachwächst.«

»Ach, wissen Sie«, erwiderte Julee. »Gott hat jedes Haar auf meinem Haupt gezählt. Ich bete darüber und dann sehen wir, was passiert.«

Es folgten sieben Wochen Bestrahlung. Der Arzt hatte Recht gehabt mit dem Haarausfall – aber nicht mit dem Rest. Julees schönes Haar wuchs wieder nach, allerdings ziemlich eigenwillig. Rechts, wo ein Teil vom Gehirn entfernt worden war, war es braun. Am übrigen Kopf wuchs es im normalen Blond.

Es dauerte noch ein ganzes Jahr, bis Julee zum ersten Mal dem Gespenst der Angst begegnete. Sie blätterte durch ihre Krankengeschichte, als ihr Blick auf die Labordiagnose fiel: Anaplastisches Oligodendrogliom stand da. Das Wort *anaplastisch* bezeichnet eine besonders aggressive, bösartige Krebsform.

In den vergangenen zwölf Monaten hatte Julee trotz ihres Zustands Ruhe ausgestrahlt. Doch als ihr an diesem Nachmittag in kalten, wissenschaftlichen Worten die düstere Diagnose entgegensah, war es mit dem Frieden vorbei und sie wurde von einer Lawine der Furcht überrollt. Mit bebenden Händen griff sie nach ihrer Bibel und schloss sich im Ankleidezimmer ein, um Gott ihr Herz auszuschütten.

Sie schlug das Johannes-Evangelium auf und begann in Kapitel 6 zu lesen:

[Jesus sagte:] Der Geist ist's, der lebendig macht; das Fleisch ist nichts nütze. Die Worte, die ich zu euch geredet habe, die sind Geist und sind Leben.

> Von da an wandten sich viele seiner Jünger ab und gingen hinfort nicht mehr mit ihm.
> Da fragte Jesus die Zwölf: Wollt ihr auch weggehen?
> Da antwortete ihm Simon Petrus: Herr, wohin sollen wir gehen? Du hast Worte des ewigen Lebens; und wir haben geglaubt und erkannt: Du bist der Heilige Gottes.
> (Johannes 6,63-64+66-68)

Als sie an jenem Tag mit Gott ihre Gefühle ordnete, kamen Julee einige grundlegende Erkenntnisse. Und als sie ihre Kammer verließ, da hatte sie sie nicht nur schriftlich formuliert, sondern förmlich in ihren Geist eingebrannt. Sieben Jahre später trug sie sie mir mit einer Klarheit und Leidenschaft vor, wie ich sie angesichts so großer Not nur selten erlebt habe.

Und was hatte Julee aufgeschrieben?

 Die Umstände mögen sich ändern. Die Berichte der Ärzte mögen sich ändern. Aber Gott ändert sich nie.

 Entweder ich glaube jedes Wort, das Gott sagt, oder ich glaube gar nichts.

 Gott ist die letzte Instanz. Eine höhere gibt es in meinem Leben nicht.

 Wenn ich mein Leben wirklich Gott anvertraut habe, dann muss es mich nicht mehr kümmern, wie und wann oder warum ich sterbe.

 Ich sterbe keine Minute früher oder später, als Gott mich heimholen will. Ich will meine Kräfte darum nicht mit Jammern vergeuden.

Gott hat versprochen, dass er das gute Werk, das er in mir begonnen hat, zu Ende führen will. Mein Tod wird ein Zeichen dafür sein, dass er seine Arbeit beendet und seinen Plan erfüllt hat.

Mit diesen Beschlüssen in der Hand gingen Julee und Bill aufrecht und mit sicherem Schritt, wenn auch mit Tränen in den Augen, durch die nächsten Jahre. Die verschiedenen Therapien mit ihrem Auf und Ab ließen sie mutig über sich ergehen – selbst dann, als die Uhr ohne Vorwarnung wieder zu ticken begann. Vor sieben Monaten wurde an Julees Hirnstamm ein neuer Tumor entdeckt. Siebzehn Operationen folgten in kurzen Abständen, zusammen mit der Chemotherapie. Julee hat sich mannhaft an ihre Glaubensaussagen geklammert – durch alle Beschwernisse, Nebenwirkungen, Einweisungen ins Krankenhaus, Blutgerinnsel und eine ungenaue Rückenmarkpunktion hindurch.

**

»Ich bereite mich auf die Abschlussprüfung vor«, berichtet Julee mir heute mit froher Stimme. Sie sieht nicht mehr aus wie Julee. Ihr Leben lang hat sie in Größe 38 gepasst, doch wegen der Steroide, mit denen der Krebs behandelt wurde, hat sie zugenommen. Inzwischen ist sie aufgeblasen wie ein Luftballon und braucht Größe 52.

Aber der Charakter spricht immer eine deutlichere Sprache als die äußere Erscheinung.

Heute blickt Julee nach oben. »Ich gewinne!«, erklärt sie bestimmt. »Ich werde diesen Körper los!« Die Vorfreude zaubert ein Lächeln auf ihr Gesicht.

Merrys Hochzeit vergangene Woche war für die Familie ein Geschenk Gottes und doch nur ein Zeichen dafür, wie Gott Julee in ihren letzten Tagen umsorgt. Ein anderes Geschenk, kleiner, aber auch persönlicher, ist Sonja. Sonja sitzt regelmäßig an Julees Bett. Zufällig ist sie auch eine alte Schulfreundin und ein lebender Beweis dafür, dass das Gute, das wir tun, zu uns zurückkehrt.

Julee erzählt mir, wie sie sich kennen lernten. Mit vierzehn Jahren war Sonja mehrfache Scheidungswaise und wurde von einem Heim zum anderen geschickt. An einem Sonntagmorgen kam sie auf dem Weg in die Bibliothek an der Kirche vorbei. Irgendetwas sagte ihr, sie solle hineingehen. Sie war noch nie in der Kirche gewesen und kannte dort keinen. Doch aus einer Eingebung heraus gehorchte sie der inneren Stimme und schob sich in eine Kirchenbank. Am Ende der Predigt folgte sie dem Aufruf, zum Gebet nach vorn zu kommen. Die nette Frau, die mit ihr betete – und ihr den Weg zur Erlösung zeigte –, war Julees Mutter.

Dreißig Jahre später ist Sonja durch eine Reihe von Fügungen nicht nur Krankenschwester mit Spezialgebiet Neurochirurgie und besonders Hirntumore, sondern auch Leiterin der Hospizpflege in einer nahe gelegenen Stadt. Nun kümmert sie sich um Julee, beantwortet ihre Fragen über die körperlichen Aspekte des Sterbens und versucht ihr die Angst vor dem Unbekannten zu nehmen. Sonjas liebevolle Gegenwart erinnert Julee jeden Tag daran, dass Gott sie nicht aus den Augen verloren hat, sondern jeden einzelnen Schritt ihres Weges kennt. Wie Julee sagt: »Meine Mutter hat Sonja geholfen, das ewige Leben zu finden, nun hilft Sonja mir auf dem Weg in die Ewigkeit.«

In der Gegenwart eines Menschen, der am Tor zur Ewigkeit steht, empfindet man scheue Ehrfurcht. Der Himmel scheint so nah. Während Julee heute in Erinnerungen schwelgt, da sieht sie, dass auch in jenem frohen Augenblick vor dem Traualtar ein Stück Ewigkeit hervorschimmerte. Die Hochzeitsfotos erinnern sie daran, dass Gott ihr die Kraft gegeben hat, an der Feier teilzunehmen – fast, als gäbe es den Tumor gar nicht, sagt sie. Aber Freunde und Familie wussten, dass es in gewissem Sinne eine Doppelfeier war – ein Willkommen der Familie für das junge Paar und ein Abschied für die Mutter.

Soweit ich es beurteilen kann, fand die Familie die etwas ungewöhnliche Hochzeits- und Abschiedsfeier völlig normal. Als ich sie danach frage, erwidert Julee: »Ich glaube, wir lernen zu leben, wenn wir lernen zu sterben.« Dann zeigt sie zur Küche: »Siehst du den Teekessel dort auf dem Herd? Wenn ich für eine Sekunde den Deckel abheben und dann wieder aufsetzen würde, dann würdest du sehen, wie ein Dampfstoß entweicht und dann verschwindet.«

Ich nicke.

»So ist das Leben auf dieser Erde. Wie ein Hauch. Je mehr ich das, was ich hier durchmache, im Licht der Ewigkeit betrachte, desto kleiner erscheint es mir.«

Julee weiß nicht, wann genau der Übergang stattfinden wird. Aber selbst wenn sie ihre Lieben schon heute verlässt, ist es, so glaubt sie, nur für eine kurze Zeit – eine kleine Pause im ewigen Plan. Früher oder später und so, wie es ihnen bestimmt ist, werden sich der Rest der Familie und ihre Freunde zu ihr gesellen.

Unvorstellbares Leid, unglaublicher Mut und unerschütterlicher Glaube – das ist Julees Vermächtnis.

Julee lehnt sich tiefer in die Kissen. Im Zimmer ist es still, so still, dass ich meine, ich könnte hören, wie Gottes Uhr tickt. Oder ist es nicht vielmehr sein Puls – der Herzschlag des Einen, der ein Gott allen Trostes ist?

Als ich aufstehe, habe ich das Gefühl, auf heiligem Boden zu stehen. Julees Blicke folgen mir.

»Das Schönste kommt noch«, flüstert sie.

Ein Schlückchen Hoffnung und Humor

Bei einer Frau war eine tödliche Krankheit festgestellt worden und man gab ihr noch drei Monate zu leben. Sie begann ihre Dinge in Ordnung zu bringen und bat den Pfarrer um einen Besuch, damit sie ihren letzten Willen mit ihm besprechen konnte. Sie sagte ihm, welche Lieder an ihrer Beerdigung gesungen und welche Bibelverse gelesen werden sollten und in welchem Kleid sie bestattet werden wollte, zusammen mit ihrer Bibel.

Als alles geregelt schien und der Pfarrer schon gehen wollte, fiel ihr plötzlich noch etwas Wichtiges ein. »Warten Sie noch. Da ist noch etwas!«, sagte sie aufgeregt.

»Was noch?«, fragte der Pfarrer.

»Es ist mir sehr wichtig«, sagte sie. »Ich möchte gern mit einer Gabel in der rechten Hand beerdigt werden.«

Der Pfarrer sah sie an und wusste einen Augenblick lang nicht, was er sagen sollte.

»Jetzt sind Sie überrascht, nicht wahr?«, fragte die Frau.

»Um ehrlich zu sein, ja, allerdings«, erwiderte der Pfarrer.

Die Frau begann zu erklären: »Wissen Sie, in all den Jahren, in denen ich die geselligen Veranstaltungen in der Gemeinde besucht habe, beugte sich mit Sicherheit jedes Mal, wenn die Teller vom Hauptgang abgeräumt wurden, jemand vor und sagte: ›Behaltet aber eure Gabeln!‹ Das war für mich der schönste Augenblick, denn dann wusste ich, dass noch etwas Besseres kam, wie zum Beispiel ein samtiger Schokoladenkuchen oder ein schöner Apfelstrudel. Darum sollen mich die Leute mit einer Gabel in der Hand im Sarg liegen sehen, und sie sollen sich fragen, was das bedeutet. Und Sie sollen ihnen sagen: ›Behaltet eure Gabeln – das Beste kommt noch!‹«

Dem Pfarrer stiegen Freudentränen in die Augen und er nahm die Frau bewegt in die Arme. Es war ihm klar, dass dies wahrscheinlich das letzte Mal war, dass er sie vor ihrem Tode sah.

Bei der Beerdigung sahen die Leute, die am Sarg vorbeigingen, die Frau in ihrem schönsten Kleid und mit ihrer Bibel im Arm und einer Gabel in der rechten Hand. Immer wieder hörte der Pfarrer die Frage: »Was soll denn die Gabel?« Und immer wieder lächelte er und erzählte den Leuten von dem Gespräch, das er kurz vor ihrem Tod mit der Verstorbenen geführt hatte – über die Gabel und was sie für sie bedeutete.

Denken Sie daran, wenn Sie das nächste Mal eine Gabel sehen. Das Beste kommt noch.

Die Schöpfung ist nur ein kurzes Zwischenspiel in der Ewigkeit. *Sir Thomas Brown*

Das verheißene Land liegt immer am anderen Ende der Wüste. *Havelock Ellis*

Fragen für den Kaffeeklatsch

Die folgenden Fragen sind für erschöpfte Frauen gedacht, die zusammen mit ihren Freundinnen die Freuden und Sorgen des Lebens bereden wollen – am besten bei einer Tasse Kaffee! In Gruppen von zwei bis sechs Frauen, denen man sich anvertrauen kann, entstehen oft die interessantesten und anregendsten Diskussionen. Zu wissen, dass wir nicht allein dastehen, und zu hören, wie andere mit Schwierigkeiten fertig werden, gibt neue Kraft. Ich möchte Ihnen Mut machen, ganz offen und ehrlich zu sein und füreinander zu beten. Seien Sie echt und kommen Sie möglichst regelmäßig zusammen – und teilen Sie mehr als nur eine Tasse Espresso miteinander. Helfen Sie einander die Lasten zu tragen und erleben Sie, wie Heilung geschieht.

KAPITEL 1: Nicht vergessen!

1. Können Sie sich an eine Zeit in Ihrem Leben erinnern, wo Gott eingriff und die Situation veränderte? Erzählen Sie den anderen davon.

2. Unser Glaube wächst, wenn wir uns auf die Dinge stützen, die wir kennen, anstatt über das zu grübeln, was wir nicht wissen können. Was wollen Sie heute tun, um sich an Gottes Treue zu erinnern, die er Ihnen in der Vergangenheit erwiesen hat? Achten Sie darauf, dass Sie sich konkrete, messbare Ziele setzen.

KAPITEL 2: Quellen in der Wüste

1. In was für einem inneren Zustand befinden Sie sich heute – sind Sie unruhig und angespannt oder ruhig und ausgeglichen? Was ist die Ursache?

2. Wie füllen Sie Ihren Becher, wenn er leer ist? Überlegen Sie, was Sie in dieser Woche ganz konkret tun wollen, und bitten Sie die anderen Teilnehmerinnen, Sie nach Ihren Fortschritten zu fragen.

KAPITEL 3: Das Geschenk des Glaubens

1. Können Sie eine ganz konkrete Angst benennen, mit der Sie zurzeit zu kämpfen haben?

2. Welche Glaubensaussagen können Sie dieser Angst entgegenhalten, wenn sie das nächste Mal übermächtig werden will?

KAPITEL 4: Im Wechsel der Zeiten

1. Berichten Sie von einer Zeit in Ihrem Leben, wo Sie das Gefühl hatten, Sie seien bis auf einen kurzen Stumpf zurückgeschnitten worden.

2. Wo können Sie beobachten, dass Sie gerade aufgrund dieses schmerzlichen Erlebens ganz neu Frucht bringen?

KAPITEL 5: Hoffnungssamen

1. Wo brauchen Sie Gottes Fürsorge in dieser Woche ganz besonders?

2. Können Sie sich an eine Zeit erinnern, wo Gott auf ganz besondere Weise für Sie gesorgt hat? Erzählen Sie davon.

KAPITEL 6: Berührungen

1. Wohin wenden Sie sich, wenn Sie sich innerlich leer und ausgebrannt fühlen?

—— 211 ——

2. Was könnten Sie in dieser Woche ganz konkret anders machen, damit Sie mehr Zeit für Ihren Vater im Himmel haben?

KAPITEL 7: Vollkommen (aber) fix und fertig

1. Wo können Sie sich in Martis Problemen selbst erkennen?

2. Wo erlauben Sie sich und anderen, auch mal einen Fehler zu machen oder nicht ganz so perfekt zu sein?

KAPITEL 8: Welch ein Vermächtnis

1. Welche Charaktereigenschaften sollen andere an Ihnen erkennen können? Bitten Sie die Teilnehmerinnen, mit Ihnen darum zu beten.

2. Was könnten Sie ganz konkret tun, damit diese Eigenschaften bei Ihnen im Umgang mit anderen in dieser Woche tatsächlich zum Tragen kommen?

KAPITEL 9: Die Kraft von Stoßgebeten

1. Gott achtet darauf, dass unser Leid nie umsonst ist. Er will es immer zu unserem Besten nutzen. Wo können Sie erkennen, dass aus schmerzlichem Erleben Gutes wurde?

2. Worunter leiden Sie zurzeit ganz besonders? Bitten Sie die anderen Teilnehmerinnen um ihre Fürbitte.

KAPITEL 10: Zank und Streit

1. Welche dummen Gedanken überkommen Sie, wenn Sie müde sind?

2. Wie gehen Sie im Allgemeinen mit Konflikten um? Schlucken Sie alles hinunter oder lassen Sie alles raus? Was tun die anderen Mitglieder Ihrer Familie?

KAPITEL 11: Sehnsucht nach mehr

1. Haben Sie sich auch schon nach »mehr« gesehnt? Sprechen Sie mit den anderen darüber, wie das aussieht und was Sie dabei empfinden.

2. Kennen Sie den Platz, den Sie in Gottes Plan haben? Wenn nicht, überlegen Sie gemeinsam, was Sie tun können, um ihn zu entdecken. Beten Sie darüber.

KAPITEL 12: Fliegen im Kaffee

1. Wie reagieren Sie, wenn Sie kritisiert werden? Was denken Sie? Was empfinden Sie?

2. Wie könnte Ihr Leben aussehen, wenn Sie sich in dieser Woche einmal bewusst machen, dass Sie letztlich nur für *einen* Zuschauer leben?

KAPITEL 13: Zu Höherem bestimmt

1. Erzählen Sie von einem speziellen Problem, das Sie zu akzeptieren versuchen.

2. Inwieweit haben die Schwierigkeiten, denen Sie in Ihrem Leben begegnet sind, Sie geformt und zu dem gemacht, was Sie heute sind?

KAPITEL 14: Am Ende der Weisheit

1. Gibt es in Ihrem Leben einen Bereich, in dem Sie das Gefühl haben, Sie seien mit Ihrer Weisheit am Ende? Wieso?

2. Bitten Sie die anderen Teilnehmerinnen, mit Ihnen zu überlegen, wie Sie die Kurve kriegen und in die »Straße des Wohlergehens« einbiegen können. Greifen Sie einen der Vorschläge auf und machen Sie heute einen konkreten Schritt in die neue Richtung.

KAPITEL 15: Der eingeschlagene Weg

1. »Erschöpfte Frauen sind eine hervorragende Zielscheibe.« Wie anfällig sind Sie für Untreue, ob in Gedanken oder ganz konkret? Schätzen Sie sich einmal selbst auf einer Skala von eins bis zehn ein. Was ist die Ursache?

2. »Wir können nicht alles haben und wir können nicht alles machen – jedenfalls nicht sofort.« Wo mussten – oder müssen – Sie eine ganz bewusste Entscheidung treffen, damit Ihr Leben mit dem, was Sie für richtig halten, übereinstimmt?

KAPITEL 16: Fragen an den Fachmann

1. Können Sie sich daran erinnern, dass Gott Sie zu einem Entschluss führte, der sich dann tatsächlich als die allerbeste Lösung entpuppte?

2. Können Sie sich erinnern, dass Sie je bei einer größeren Entscheidung nicht den Fachmann fragten? Was kam dabei heraus?

KAPITEL 17: Vergebung ist übernatürlich

1. Gibt es jemand, dem Sie vergeben sollten? Wenn ja, können Sie – ohne zu sehr in Details zu gehen – mit den anderen Teilnehmerinnen darüber reden und sie um ihr Gebet bitten?

2. Berichten Sie, wie Sie einmal einer anderen Person bewusst vergeben haben und was dadurch bewirkt wurde.

KAPITEL 18: Weihnachtschaos

1. Wie sehen – oder sahen – die Feiertage bei Ihnen normalerweise aus?

2. Stress kann gelindert werden, wenn wir flexibel bleiben und unsere Erwartungen den Umständen anpassen können. Was kann das in dieser Woche für Sie konkret bedeuten?

KAPITEL 19: Gottes Mathematik

1. Wie könnten Sie sich in dieser Woche ganz konkret einbringen, damit einem anderen Menschen geholfen wird?

2. Welche Verpflichtungen zehren an Ihnen? Bitten Sie die Teilnehmerinnen, für Sie zu beten. Vielleicht haben sie auch ein paar Tipps, wie Ihr Becher wieder voll werden kann.

KAPITEL 20: Gottes Uhrzeiger

1. In dieser Geschichte verrät Julee ein paar ihrer Glaubensgrundsätze. Welcher hat Sie besonders berührt oder angesprochen? Warum?

2. Lesen Sie Jakobus 4,13-15 und beantworten Sie folgende Frage: Was würden Sie an Ihrem Leben ändern, wenn Sie wüssten, dass Sie nur noch ein Jahr zu leben haben?

Quellenangaben

[1] Die Fragen sind dem Buch von Alan D. Wright, *The God Moment Principle*, Sisters, Oregon 1999, S. 14 entnommen. Ich habe sie leicht angepasst.

[2] ebd.

[3] »Matthew Henry's Commentary on Matthew 8,5-13«, in: *PC Study Bible Complete Reference Library*, Seattle 1992, S. 24.

[4] Ich danke meiner Mentorin, Dr. Pamela Reeve, die mir im Zusammensein und durch ihr Buch *Faith Is...* (Sisters, Oregon, 1977; deutsch: Glaube ist..., Wuppertal 1999) geholfen hat, eine eigene Sprache des Glaubens zu entwickeln.

[5] James Dobson, *Straight Talk to Men and Their Wives*, Waco, Texas 1980, S. 96.

[6] Anne Morrow Lindbergh, *Muscheln in meiner Hand*, München 1990, S. 21.